辽宁省博士后资助：1220502052 0188825

Research of
FINANCE AND ACCOUNTING
with the perspective of Wisdom

智慧视阈下
财会领域探究

孙 宇 ◎著

中国财经出版传媒集团

经济科学出版社

Economic Science Press

·北京·

图书在版编目（CIP）数据

智慧视阈下财会领域探究/孙宇著．－－北京：经济科学出版社，2024.1
ISBN 978－7－5218－5555－5

Ⅰ.①智…　Ⅱ.①孙…　Ⅲ.①信息技术－应用－财务会计－研究　Ⅳ.①F234.4－39

中国国家版本馆 CIP 数据核字（2024）第 035090 号

责任编辑：刘　莎
责任校对：王肖楠
责任印制：邱　天

智慧视阈下财会领域探究
ZHIHUI SHIYU XIA CAIKUAI LINGYU TANJIU
孙　宇　著
经济科学出版社出版、发行　新华书店经销
社址：北京市海淀区阜成路甲 28 号　邮编：100142
总编部电话：010－88191217　发行部电话：010－88191522
网址：www. esp. com. cn
电子邮箱：esp@ esp. com. cn
天猫网店：经济科学出版社旗舰店
网址：http://jjkxcbs. tmall. com
固安华明印业有限公司印装
710×1000　16 开　13.5 印张　200000 字
2024 年 1 月第 1 版　2024 年 1 月第 1 次印刷
ISBN 978－7－5218－5555－5　定价：62.00 元

前言
Preface

　　伴随着信息技术的发展以及"互联网+"的不断推进，人工智能、大数据、区块链、云计算等颠覆性新技术为财会领域带来了革命性的变化，促使财务、审计等工作逐渐摆脱传统的作业模式和思维，不断与信息技术相融合，体现出数字化、智能化、高效化的特点。在互联网时代，信息的丰富度以海量速度增加，信息的流动比以前更加快捷，导致信息越来越对称，信息量也越来越庞大，信息技术对企业等主体的影响力和作用力越来越成为企业能否赢得竞争优势的关键，企业信息化愈发显得重要和紧迫。智慧会计和审计都离不开数据分析，作为新兴技术发展的原料和催化剂，数据已经成为不可或缺的一部分。那些正在使用新技术、自动化、大数据、机器学习的公司，获得了市场份额，并且打乱了在适应数字化以及转变中速度较慢的传统公司的节奏。从数据中获取商业信息，将数据资产变现，实现商业价值，依然成为企业实现数字化治理的关键路径和必要手段。

　　智慧视阈，即在新信息技术高速发展和广泛应用的社会背景下，从信息化的角度对企业、高校、会计师事务所等各大主体的财务领域进行革新和研究。由于传统的财务工作模式已经难以适应当代财会领域的需要，其逐步被由人工智能主导构建的全方位的智慧系统取代已成必然。财务要素与信息技术的融合是一个极其漫长的过程，即使在人工智能技术看似高度发达的当今时代，我们对于"智慧化＋"的实践仍处于起步阶段。在这个过程中必须保持足够的耐心，准确把握智慧化信息，实现智慧赋能与人机协同，是当下财务领域不断更新、不断发展完善的需要和必然要求。

本教材将在智慧视阈下将财务领域分为五个模块，分别围绕"智慧＋财务""智能＋管理会计""智慧＋高校财务""智慧＋区块链财务""智慧＋审计"五个部分展开，通过学术理论与实践案例相结合、文字与图表相结合的方式，深入探索人工智能、大数据等信息技术与财务要素融合过程中碰撞出的一系列火花，追寻人机协同效应理论和实际应用价值，总结当下信息技术在财务领域发展的困难和不足并提出相应的意见，旨在为智慧化在财会领域的发展提供理论支撑和实践指导。

希望本书能对您的学习和生活有所帮助，由于水平有限，教材中疏漏难以避免，衷心地希望您能对本书中可能出现的错漏提出宝贵意见。

孙 宇

目 录

Contents

第1部分 "智慧+财务"

1 导　论

1.1　研　究　历　史

1.1.1　"人工智能"概念的提出

人工智能最早出现于古埃及，随着计算机的发展，又创造出了机器的智能化。"人工智能"这一个词语最早是在一个著名的会议上提出的，那就是举办于 1956 年的达特茅斯会议，在会议上，人们对于人工智能有了比较初步的认识。会议以后，研究者又研发出了众多原理，从此，人工智能的概念也开始发展。在人工智能出现的初期，它的发展比预想的要慢，但是它一直在前进，一直到现在，已经出现了许多 AI 程序，并且它们也影响到了其他技术的发展。

1.1.2　人工智能发展大事件

"人工智能"（Artificial Intelligence）一词提出后，科学家们开始着手研究人工智能这一新领域。1960 年，人工智能迎来了新高潮，在这次高潮中，研发出了人类历史上的第一台机器人以及第一款智能软件。1961 年，又研发出了智能机械手；1968 年，斯坦福国际研究所研发出了第一台智能机器人 Shakey；1973 年，又研究出了人形机器人 Wabotl。1974 年，发明遇到了瓶颈，由于当时社会环境的限制，很多科学家的设想都没办法实现，所以，在那一段时间里，人工智能进入低谷。但是从 1980 年开始，XCON 专家系统、Hopfield 网络和 BP 网络的问世，直接提高了计算机的运算效率，与此同时还出现了 Wabot2，Webot2 与众不同点在于它可以与人进行沟通。但是，这个时间科学家的处理还有一些限制，没有办法将人工智能应用于其他领域。

此后，转机出现了，1997 年 IBM 发布了改良版的超级电脑——深蓝，并通过击败当时排名世界第一的棋手加里·卡斯帕罗夫而一战成名。这无疑给人们巨大的信心。2005 年，斯坦福 AI 实验室第一辆自动驾驶汽车问世，表明了人工智能会给我们生活带来巨大的便利。2006 年，人称"深度学习"之父和 AI 教父的杰弗里·辛顿，将神经网络带入研究与应用的热潮，也是他让人工智能变得如此受欢迎。2011 年，IBM 研发的沃森机器人参加了电视节目《危险边缘》，在节目上由于它精彩的表现，击败一众对手，获得了新冠军也收获一众好评。2015 年，通过测试人工智能（AI）系统和人类智商（IQ）之间的胜负关系，试验结果表明，人工智能的智力已经达到了 4 岁儿童的水平。由麻省理工大学的研究人员开发的人工智能系统 ConceptNet 也参与了这项研究，尽管它从 20 世纪 90 年代就开始研究，但是他的表现却不尽如人意。尽管如此，科学家们并没有放弃希望，止步不前。相反，很多人认为这只是一个起点。通过人类的钻研，以及不断地对机器人进行实验，总有一天会使机器人拥有和人类一样的思维和创造能力。

就在最近几年，人工智能也取得了巨大的突破。2016 年，Alpha-Go 的面世引起了大众的讨论，进行了围棋程序的深度学习以后，AlphaGo 击败了围棋的人类世界冠军李世石，然而这只是个开始。2017 年，历史上首个具有公民身份的机器人索菲亚出现了，它看起来就像人类女性，拥有橡胶皮肤，能够表现出超过 62 种面部表情，她可以做出微笑、眨眼睛等一系列动作。甚至在它"大脑"中的计算机算法能够识别人类的面部，能记住语言并能和人进行交流。

1.2 相关技术在智能会计中的应用

1.2.1 RPA（机器人流程自动化）

机器人流程自动化，是目前应用最为广泛的技术，它可以实现全流程按照既定程序自动化，减少了在大量烦冗又重复的工作中耗费的时间，这不仅可以避免人工带来的错误，也可以节省人力，缩短耗用时间，进而可以提高公司职员的工作效率。

1.2.2 大数据技术

大数据处理技术就是将现实财务数据进行收集，进而进行处理和整合。传统的数据停留在书面上，查找和处理都非常不方便，大数据技术就完美地弥补了这一缺憾。

1.2.3 可视化技术

所谓可视化技术，是指将海量的、复杂的数据信息进行处理，在计算机中以图文或图表的形式呈现出来。与传统的文字相比，可视化技术更加生动形象，也比较通俗易懂。让企业的经营者更加直观地了解企业的经营状况。

1.2.4 智能识别技术

比如，我们后文要提到的在智能技术引擎层将要应用到的 OCR 技术，它被广泛地应用于财务处理的各个环节中。一切事项的第一步都是获取数据，运用 OCR 技术可以对各类原始凭证进行识别与处理，如交易凭证等。除此之外，还可以对发票、合同等各类纸质原始凭据的图像进行识别，目的是提取书面上的数据，并且进行储存。除上述提到的技术外，云计算、物联网、区域链、自然语言处理、机器学习等技术都已经开始应用了，相信在不同技术的加持下，一定可以将智慧财务系统的处理能力提升一大截。

1.3 人工智能发展经历

一般情况下，我们将人工智能的发展分为以下三个阶段：

第一阶段，我们称为不具备自主意识的弱人工智能阶段：这一阶段仅仅是披着人工智能的外壳，还不能进行智能操作。比如：在人力控制下可以进行一些简单的计算和一些其他的简单工作。

第二阶段，我们称为具备独立思考能力和一定自主意识的强人工阶段，这个阶段的人工智能已经具备一些基础的功能，比如会自动驾驶小汽车，在操作台上进行分装工作。

第三阶段，我们称为具备与人类同等程度的推理，学习和思考等智能的超人工智能阶段，即让计算机能理解会思考，也是我们最终想要达到的程度：这一阶段的机器人会思考能创造，可以不借助人力具备自己的意识。

目前，我们仍处于弱人工阶段，距离想要达到的超人工智能阶段还有一段距离，但是现在科学家仍在努力钻研，相信不久的将来我们会迎来超人工智能阶段。

1.4 会计信息化，智能化发展历程简介

古代会计发展阶段：文明古国，如古中国、古巴比伦、古埃及、古印度与古希腊都曾留下了对会计活动的记载。但是，在当时会计的记录还没有成型，仅仅是通过实体物品对买卖进行记录，也没有复式记账，这也是会计的原形。

我国一共经历了四个阶段：第一阶段是电算化阶段，这个阶段主要发生在 20 世纪八九十年代，中国第一次将信息技术与会计融合，通过使用财务单机版软件，开始研究、挖掘、探索会计与技术之间的融合。第二阶段是会计信息化阶，在 1998 年左右，ERP 广泛进入中国，将单机版财务软件和部分业务功能在一个系统中融合，标志着中国进入了会计信息化阶段。第三阶段是自动化阶段，从 2016 年开始，人工智能技术引入中国会计、审计、税务、金融等各个领域，财务应用场景更多的是自动化，但谈不上智能化和数字化。直到 2019 年，会计信息化发展到第四阶段，才有了数智化应用实践场景和财务产品。这个阶段也标志着中国财务领域实现了从自动化向智能化和数字化的转变。在这一阶段，一些大型企业开始组建以集权为目标的集团财务信息化系统，引入全业务网上报账和网上审批，业务人员源头触发经济业务，内部处理数字化，采集信息与记账凭证各要素高度对应，记账凭证自动产生，对外直接支付银行，通过与其他生产，管理系统的有机整合，实现一点录入，全程共享。

2 智慧财务概述

2.1 智慧财务的概念

智慧是一个汉语词语,有两种意思,一指聪明才智,二指梵语"般若"(音 bo-re)的意译。智慧一词原本是指人类的心灵纯净心胸豁达宽广,身心健康,是后天见识宽广与先天心灵手巧的结合。但是进入意识文化形态文化时期以后,以义解慧而将慧识边缘化,对智慧一词的解析就淡化了慧识的作用力,只剩下后天智识、职能、智力等片面的含义,道学被摒弃以后的意识所解,就远远不及佛学当中对智慧的解析深刻。现代人对智慧的定义是:能正确认知,理解通透,能提出常人所不能提的新兴事物或独特见解。

财务泛指财务活动和财务关系。前者指企业在日常活动中,由于业务产生的经济往来;后者指财务活动中企业和各方面的经济关系。因此,总体来说,财务就是对企业往来经济业务的资金进行管理。它把握了企业的命脉,是企业最为重要的部分。

百度将智慧财务定义为:是一种利用大智移云物区等新兴技术,在传统财务的基础上,通过平台的搭建,消除沟通壁垒,实现信息互通的一种财务管理方式。它不仅可以使财务信息公开化,提高信息质量,提高工作效率,降低财务成本,也是未来企业智慧化的一个缩影。

笔者通过收集资料查阅信息,将智慧财务定义如下:智慧财务管理是一种借助于大智移云物区等新兴技术，构建企业统一智慧管理平台，通过对数据的采集以及整理，按照实际需求生成报告以及对未来企业的决策提供一体的系统。智慧财务管理系统旨在打破传统企业内各部门之间以及企业之间的沟通壁垒，让企业数据更加公开化，透明化。最大程度上提高企业的办公效率。

2.2　财务相关文献研究

拉希尔等（Rassier et al.，2019）、谭明军（2021）、许宪春等（2022）认为，数据资产是可以重复使用的；吴静杰等（2016）通过研究发现，决策者在情绪不同的情况下，所作出的决策偏好是不同的，在决策者处于焦虑状况下所作出的决策偏向于风险规避型，而处于悲伤情况下，则处于风险偏好型；赵飞飞（2018）、高婧扬和李芳（2021）认为传统财务管理模式下，财务管理通常会表现出严重的"重事后轻事前"的现象；高婧扬和李芳（2021）认为，传统财务管理模式下，财务报销流程的申请、审批、凭证查阅等流程均为手工，且审批流程为层层审批，存在步骤烦琐、报销效率低且出错率较高等问题；阿兰等（Alan et al.，2021）认为，由于合同存在烦冗性，长期发展对业务的开展不利。张德中等（2020）、高婧扬和李芳（2021）认为还存在企业内外部财务信息高度封闭、信息透明度较低，不同部门之间的信息难以实现实时共享，导致企业内部存在严重的"信息孤岛"现象；韦德洪和陈势婷（2022）提出了具有去中心化、开放性、独立性、安全性和匿名性等特征的区块链共享财务，进而有效克服传统财务共享模式的弊端，实现财务共享的信息透明化、增强信息资源共享的安全性和独立性；韦德洪和陈势婷（2022）认为，智慧财务管理在企业"生态圈"中的运用，将有利于实现企业"生态圈"成员伙伴之间的业务、财务等信息资源共享的实时化、透明化，有利于对生态圈价值循环管理活动实施实时监控、反馈和修正，进而实现企业"生态圈"成员伙伴的共生共荣和可持续发展。

2.3　智慧数据共享

智能会计时代会计的目标之一是为报表使用者提供决策有用的信息。此处的报表使用者主要是指企业外部的报表使用者，包括外部投资者、债权人、潜在的投资者和债权人供应商、政府及其机构、雇员和工会、中介机构等。不同的使用者对报表信息的需求不同，对企业信息的开放程度要求也不同，实现企业财务数据共享，提供差异化信息服务以有效解决这一问题，有效增强财务信息的可理解性和决策性。

企业与外部报表使用者共享企业财务信息，通过区块链技术对信息进行加密，只有在取得不同的数据读取权限时，才能够真正地接触到企业数据，既保障了企业数据的安全可靠性，也使得数据在企业信息使用者之间实现共享。此外，智能会计时代，会计信息的即时性、开放性、去中心化等不断增强，有效降低了外部信息使用者和企业之间的信息不对称，减少了信息孤岛问题，使外部使用者能够更好地了解企业信息，及时发现影响其决策的因素，并做出应对。

2.3.1　投资者

对于投资者而言，企业的财务报告既要反映受托责任的履行情况也要能够为投资者提供决策有用的信息。智能会计时代，物联网、区块链技术的应用使得财务造假难度加大，财务数据智能化处理降低了信息处理过程中会计人员主观判断导致的偏差，会计信息的可靠性增强，对受托责任履行状况反映的真实性增强。相较于反映企业过去经营和责任履行情况的财务报表，投资对企业未来发展的关注度更强。传统会计出具的财务报告反映的是企业过去的交易事项形成的信息，缺少企业发展潜力信息的预测，难以满足投资者的需求。智能会计时代，智能会计系统可以将企业自身发展数据与行业数据分析比对，结合企业发展的宏观经济环境以及自身发展战略，形成对企业未来发展的预测报告，并结合图表数据形式出具并配以文字解释，更好地满足投资者对企业信息的需要。通过企业未来发展预测报告，形成对企业发展的初步判断，为投资者的投资决策提供有力的数据支撑。

2.3.2　债权人

债权人是指银行等金融机构借贷人和供应商。他们或者给予了公司贷款，或者为公司提供了存货物资和设备。债权人相对更关注企业的发展状况，以及企业是否有充足的资金偿还债务。为决定是否给企业贷款，要分析贷款的报酬和风险；为了解债务人的短期偿债能力，要分析其流动状况。银行、信托等金融机构对企业资信进行评价，以及贷款额度的确定都依赖报表数据。传统会计时代，债权人对企业信息的掌握主要包括企业公布的财务报告和企业在银行的信用状况，而对企业内部数据的了解较少，对企业的预测和判断难免形成偏差。智能会计时代，可以根据大部分债权人的需求，形成面向债权人的专项报告，形成企业的借贷关系网络图和投资者结构图，结合企业内部数据对企业的偿债能力进行分析，而不仅仅依赖资产负债表等财务数据形成的对偿债能力的指标性分析，关注企业未来的发展。潜在的投资

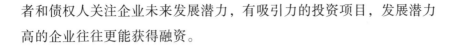

者和债权人关注企业未来发展潜力，有吸引力的投资项目，发展潜力高的企业往往更能获得融资。

2.3.3　供应商

供应商向企业及其竞争对手供应各种所需资源，包括提供原材料、设备、能源、劳务和资金等。供应商把东西卖给公司，关注交易是否能足额收回资金，关系到供应商对企业选择何种结算方式，是否采用信用付款（包括应收账款、应收债券等）。买方企业的经营是否良好对卖方企业给出的信用政策有很大的影响，当企业的现金状况不佳，企业的经营能力一般，销售难以为企业带来充足的现金流量时，供应商一般会选择减少或者不采用信用收款。他们通过分析来判断是否能与企业进行长期合作，了解销售信用水平，并决定是否对信用政策进行调整。传统财务报表呈现的数据对企业真实经营状况的反映是有限的，而且是间接的，需要对数据进行分析整理才能得出相关结论，阅读性和可理解性较差。智能会计时代，可以直接将企业与经营有关的现金流量、企业销售能力分析，以及企业的原材料需求信息结合起来，对企业的整体状况进行分析，形成专门针对供应商的报告，满足供应商对本企业的信息需求，为供应商的决策提供支持和帮助。

2.3.4　政府机构

政府及相关机构要通过财务分析了解企业纳税情况、遵守政府法规和市场秩序情况、职工收入和就业状况。这些在传统会计报告中很难有直观地呈现，需要对企业财务报告进行分析和比对才能得出相关数据。此外与企业直接相关的政府及其机构主要是税务部门，但由于会计核算和税法对企业所得等计算差异的存在，长期的财税分离，很多企业会出现财税"两张皮"的现象。财税"两张皮"主要是指企业给税务机关的财务报告和各投资者的财务报告两者表现的企业的经营绩效存在较大的差距，美化给投资者和债权人的报表吸引投资，"丑化"给税务机关的报表以达到少交税的目的。智能会计时代，企业应纳所得税等数据由智能会计系统自动计算得出，并依照法规进行纳税申报，减少了申报过程中的人为操作。智能会计系统还可以按照企业的纳税情况出具企业纳税报告，企业员工的职业收入和就业情况也会在所得税纳税申报明细中呈现，方便了政府部门及时了解企业的情况。

2.3.5　雇员和工会

企业的雇员和工会要通过分析判断企业盈利与雇员收入、保险、福利之间是否相适应。智能会计借助区块链使得财务信息可被经授权的节点上的员工读取，极大地降低了雇员和企业之间的信息不对称问题。员工可以在系统选择与收入保险福利以及企业盈利有关的信息，利用大数据分析，排除掉非相关信息，筛选出对决策有用的信息，从而为工会对企业福利发放标准的判断提供数据支撑。

2.3.6　中介机构

智能会计系统为中介机构了解企业提供了可靠性较高的数据支持。这里的中介机构主要是指券商、审计等对企业财务数据要求较高的机构。以往，中介机构想要获得企业数据是很困难的，但是智能会计系统可以很好地将企业数据进行归集，让中介机构可以很快地得到精准数据。也很好地防止了企业造假等情况的出现。

2.4　智慧财务的特点

2.4.1　去中心化

在传统财务管理模式下，财务信息的收集都依赖于财务人员，这不仅大大降低了工作效率，而且造成了信息的封闭，导致财务相关信息只有专业财务人员可以获取，而在智慧财务管理模式下，人人都是信息的上传者，人人也都是平台的使用者，信息的接收者；同时借助相关技术在海量的数据中能够获取更精准的信息，并节约了大量的时间和人力，最后形成更具有指向性的报告，进一步提高了工作的效率。

2.4.2　信息资源高度共享

智慧财务管理平台不仅仅是数据的整合，更是通过"大智移云物区"等新兴技术将企业的财务部门、业务部门和其他管理部门进行有效整合，实现了企业各部门的信息资源高度共享。与此同时，企业可以与社会相关部门实行信息互通，实现企业内部信息资源与外部信息资源的互动，给企业信息带来活力。

2.4.3　财务管理边界模糊化

在传统的企业部门中，企业的财务部门有着很强的壁垒性，与此同时，与业务部门等信息在传递的过程中存在信息失真的情况，随着智慧财务系统的应用，可以很好地将各部门联合在一起，实现业、财、管的融合，形成互通互助的关系网。

2.4.4　以企业价值最大化为目标

企业经营的目标就是盈利，企业一切经济活动都是为经济效益最大化所服务的，企业引进智慧财务系统的目标就是实现企业价值的最大化，通过引用大智移云物区等新型技术，可以使数据的处理时间缩短，同时可以减少人力，提高了信息处理效率，并实现企业价值最大化。

2.4.5　人类思维

智慧化与电算化最大的区别就是，具有了可以分析并最终为企业决策提供有用信息的能力，这就借用了人类思维，让它具有会思考的能力。

2.4.6　人机协同

智慧财务虽然可以独立进行信息处理，但是最终的信息需求以及企业的决策还是依赖人工完成的。智慧财务核心是以人为主，同时借助大智移云物区等新型技术进行信息的收集以及归纳，进而搭建起物与物、人与人、人与物之间的信息桥梁。因此，智慧财务需要将人与机器合在一起使用，二者缺一不可。

2.4.7　财务管理场景多样化

随着智能化的发展，智慧财务仅仅是一个小小的缩影，未来还会伴随着智慧城市、智慧旅游、智慧社区等智慧化的使用，整个社会都会通过"大智移云物区"形成一个智慧体。因此，智慧财务不仅仅关乎企业内部的财务管理人员和其他相关人员，还会影响着企业外部的各个利益相关者。智慧体的打造将会使人人都是智慧信息的提供者，相对应人人也都是智慧信息的享有者。

2.4.8　前瞻性决策

智慧财务的最终目标就是为企业决策提供有用的信息。智慧财务共享系统不会仅仅只局限于数据的收集以及处理，更多的是通过数据的处理进行分析，为企业数据使用者提供相关报告，进而可以进行准确的决策。

2.5　研究意义

智慧财务是在传统财务的基础上发展出来的，通过运用大智移动云物区等新兴技术为企业赋能，在运用智慧财务系统的同时不仅可以缩短信息处理时间，节约人力，还可以通过提高效率和准确率，在智慧层可以为企业最后的决策提供支持。在企业的发展中，企业产生了大量的结构化和非结构化的信息。其中非结构化数据尤为关键，以往的财务工作中无法直接获取并处理这些数据。新技术的出现改变了以往商业的经营模式，推动了财务管理模式的变革，使财务工作变得更加简单高效。通过使用大智移云物区，未来的财务工作将全面智慧化，智慧财务不仅仅局限于简单的自动化流程或者智能化流程。智慧财务的出现不仅缩短了时间，而且提高了效率还打破了企业间的物理壁垒，使企业各部门之间以及企业与企业、企业与社会之间实现了良性的互动，从而实现了企业业务的一体化模式，促进了企业的创新，进而满足企业各种管理需求。

3 财务云与财务共享

3.1 云 计 算

3.1.1 云计算的产生与发展

随着企业规模的不断扩大，业务流程也在不断地复杂化，所以企业对数据中心的各种系统要求越来越高，但是对于企业本身而言，新系统具有时代性，他需要定期更换升级，与此同时也需要更多的计算机人才进行维护，这对于企业而言是一个不小的压力。经过时代的不停演练，终于出现了一种新的服务模式，即云计算技术。

云计算，基于互联网的大规模分布式计算技术，云计算是一种全新的能让人们方便自主地使用远程计算机资源的模式。"云"通过网络存储和"计算"从有形的产品变为无形的可以配送的服务，对于企业而言意味着不用投入大量的资金购买服务器和软件。

2006年，首次提出了"云计算"这一概念。2009年，美国国家标准与技术研究院（NIST）进一步丰富和完善了云计算的定义和内涵。美国国家标准与技术研究院认为，云计算只需很少管理和与服务提供商的交互，就能够便捷、按需地访问共享资源。

云计算具有以下特点:

(1)规模化:值云的规模很大,用户量大。例如 Amazon、IBM、微软、苹果等公司的云动辄拥有几十万个服务器,一般企业有的拥有数百万个服务器,用户可以随时随地使用任何云端设备接入网络并使用云端资源。

(2)虚拟化:虚拟化最大的好处就是用户可以不受地域以及设备的限制,用户可以随心在任何地点用任意设备,只需要注册一个虚拟账号就可以登录平台。

(3)自主化:用户根据实际需要来购买云服务,并且根据使用量进行精准计费,不仅可以较大地节省费用,而且提高了网络资源的利用率。

(4)低成本化:企业采用云计算部署数据资源,实际上远远比传统的数据中心部署服务器简单方便,由于云的规模可以动态伸缩满足应用与用户规模的增长,可根据用户数量规模进行弹性管理,在很大程度上节省了云成本。

云作为企业数字化转型与新旧动能转换的重要手段,开启了企业财务服务的新模式。随着数字化的加速,企业上云是大势所趋。美国、韩国、日本、欧盟、印度等国家和地区,通过制定战略、加大研发投入、加快应用等方式加快推动云计算发展。我国政府对云计算也极为关注,积极布局发展。2010 年 10 月,国务院发布《关于加快培育和发展战略性新兴产业的决定》,将云计算定位于"十二五"战略性新兴产业之一。

3.1.2 意义和影响

云作为企业数字化转型与新旧动能转换的重要手段,开启了企业财务服务的新模式。随着数字化的加速,企业上云是大势所趋,"财务上云，共享先行"，云计算理论对智能会计中的理论支撑主要体现在以下四个方面：

（1）云计算降低了企业数字化成本

云计算既包括后台硬件的云集群、软件的云服务，也包括人员的云共享。在硬件方面，云计算通过充分共享网络硬件资源，有效地降低了智能会计系统的 IT 投入，云存储可以降低存储成本；软件方面，云计算降低了企业的软件开发之"苦"与硬件投入之"困"。另外，企业引入云计算打造智能会计平台，有利于实现财务资源的共享，减少了人员冗余及软硬件系统的重复建设，降低了总体运营成本。同时，企业只需向云计算服务商购买服务，按照实际使用量交费，后者为企业提供软件安装、系统维护等服务，相比于传统的信息化建设，智能会计云计算大大降低了企业的信息化成本。

（2）云计算促进了企业内外部协同

企业会计的智能化、数字化转型是以"互联、共享、智能"为发展理念："互联"是起点，"共享"是模式，"智能"是目标，"上云"是动力。企业借助云计算平台建立的智能会计共享中心，连接企业内部的主要信息系统，比如电子报销系统、ERP 系统、档案管理系统、票据影像系统、报表系统等，实现信息流、票据流、审批流三流合一，达到业财融合。同时，基于云端的智能会计平台可以快速、便捷地对接商旅云、发票云、采购云、营销云等平台，实现企业信息的全互联，构建企业的"智慧大脑"。同时，智能会计平台借助云计算，与企业外部的银行、税务机关、客户、供应商的业务、资金、信息对接，实现了企业边界模糊化、业务智能化、流程一体化、组织扁平化。企业流程从内部延伸到整个产业链，实现产业链协同，推动业财税管一体化融合。

（3）云计算创新财务"众包"模式

财务众包是指将本应由企业完成的任务，通过互联网进行分配，评估出专业技能要求较低的环节，然后将这些环节"极致拆分"为一个个微任务，再通过互联平台分发出去，比如，一个任务可以小到只是查看发票影像，整理发票抬头的工作。众包通过清单的方式进行作业，符合预期要求的单据将根据规定的价格标准进行结算。以海大集团为例，在智能会计服务模式下，财务工作被流程化为诸多环节的"任务池"，根据设置的"缓冲量"，进行自动派工。"云抢单"模式是非常流行的功能模式：A 拥有 42 个区域中心，每个中心配备 1～2 名出纳人员负责收款与记账，B 地区的出练无法完成业务量增大时的资金及时准确入账工作，A 企业通过搭建"共享大抢单"让会计人员在"云端办公"，在线员工通过云平台查看订单池信息，然后通过抢单确保信息的及时入账，有效解决了财务资源时间、空间难以协同的困境，运营效率大大提高。

（4）云计算助力企业构建风险管理体系

在技术层面，云计算有助于企业构建财务管控系统与风险管理体系，通过全程监控并寻找经营管理的薄弱环节，针对关键风险指标、经营数据作出判断与预警，化解经营中的潜在风险，提升整体抗风险能力。在流程方面，智能会计实现了以"柔性共享、智能决策、精细管控"为核心，将财务管理环节向前延伸，以报账为起点变为以业务为起点，通过深度的业财税管一体化，推动会计活动从注重结果到注重过程、从管控为主到管控与服务并重、从格式报表到智能决策，完成从业务记录到价值创造。

3.1.3　云计算的未来趋势

随着当前越来越多的企业实现业务云端化，云计算也逐渐从互联网行业走进了传统产业领域，这对于云计算未来的发展会起到更加积极的影响。

从当前的云计算发展趋势来看，未来在产业互联网时代，云计算的设计和发展将有以下几个方面的特点：

第一，云计算服务化。云计算不仅仅是一个平台，更多的是提供了一种服务。云计算的提供就是让使用者可以更快地学习使用，花费更少的消费获得更多的金钱效益。随着云计算的不断升级优化，云计算不仅使用方便而且提高了用户的舒适度，只需要一个虚拟的账号便可以在平台上进行操作。同时为用户提供个性化的定制服务，提升了云计算本身的可用性和扩展性。对于云计算平台来说，全栈云将不仅仅采用"廉价"来吸引用户，而是通过服务来吸引用户。

第二，云计算智能化。随着人工智能技术的发展，云计算智能化也将是一个重要的发展趋势，云计算与人工智能平台的结合将全面拓展人工智能技术的应用边界，这对于人工智能技术的落地应用有着非常积极的意义。云计算未来与物联网一道，将成为人工智能技术非常重要的应用场景。

第三，云计算行业化。在未来，云计算将不再区分为公有云和私有云，它将对公有云和私有云进行有效整合，这就是行业云。行业云不仅可以构建在公有云平台上，也可以架设在私有云平台上，相比之前，行业云的资源整合优势更加显著。从这个角度来看，行业云在产业互联网时代，将迎来更多的机会。

3.2　财务共享及财务共享中心

财务共享服务就是将企业所有财务信息收集起来，按照不同的种类进行分类处理，以便每一笔业务的分析。

财务共享服务中心（Financial Shared Service Center，FSSC）是最近使用最多的一种数据处理方式，它可以将不同国家或地区的会计业务放在一起处理，这样可以不受地域限制，并且数据也更加透明，方便企业间的沟通，进一步保证了会计记录和报告的规范、结构统一，而且财务共享中心的存在，使得集团的各个地区不必要再设置会计，节约了人力和财力，但是由于设立的地点不同，一般财务流转需要受当地法律的限制。

财务共享中心的工作人员一般不会很多，且只在各地的分支机构或办事处，工作人员只需要进行线下的销售而无须顾虑财务状况。例如，DELL 在中国各个地区的销售网点，这些线下门店只配备销售人员，而财务状况则通过财务共享发回到企业本部。并不是所有行业都适用于财务共享中心，目前只有：金融企业、服务企业、制造业的销售网点、连锁企业、通信服务业等适合建立财务共享服务中心。

财务共享服务中心（Financial Shared Service Center, FSSC）最近深受跨国集团或一些大型公司的喜爱。财务共享服务中心的设立目的就是通过设立一个财务收集系统，可以将各地分公司的账进行收集进行集中处理。这样做的好处在于可以减少各地子公司财务人员的数量，集团本部可以有效掌握各子公司的财务数据，对各公司进行有效治理，为各子公司的未来发展提供了现实依据。

3.2.1 财务共享中心的优势及劣势

财务共享中心相比较于企业传统财务模式来讲，拥有的优势更加明显，如它可以使数据更加透明化，提高了财务处理的效率，为企业的未来发展决策提供依据，也为外界提供更多服务。

第一，降低公司成本。

工作进度中有很多重复且烦冗的程序，比如每天都在进行重复的数据处理工作，财务共享中心可以进行数据的收集，可以节约人力，将更多的资源投放在决策方面。其显著优势还表现在如果"共享服务中心"建立在一个新的地点，其相比传统模式需要的成本更低，因为新设团队只需要相关销售人员，成立公司数据更加透明化，便于公司管理相关分公司。

第二，支持企业集团的发展战略。

当企业进行新的决策时，财务共享中心将大力为企业的决定进行支持，比如，企业想要进行并购或者新设分公司时，财务共享中心将可以迅速进行应用，并且在新设机构下，可以不设立专业财务人员，进而可以快速地使新设机构投入应用。

第三，向外界提供商业化服务。

在公司成立财务共享中心之后，会利用自有优势向其他公司提供相关服务，以赚取额外利润。例如壳牌石油国际服务公司有一部分的收入就来源于此。

劣势在于：

（1）财务人员可能面对无法直面公司真实环境的困境，因为如果运用共享服务中心，财务人员将只面临着冰冷的数字，而无法听取公司他人的建议，容易在企业财务决策中产生偏差。

（2）急速增加的差旅费。一般来讲，企业前期的准备工作不仅仅需要时间更需要花费金钱，共享财务中心的建立需要技术，这不仅需要专业技术人员往返花费，还有一些购买硬件所花费的钱。但是，相比较高昂以及长久的人力工资，财务共享中心所支付的金钱更少一些。

（3）容易造成不作为的风气。由于一些公司财务共享中心的建立，将原有的财务人员缩减，分派到其他的岗位，相应会出现人浮于事，导致企业工作人员的服务意识淡薄。

（4）人工成本不降反升。一方面，由于各地区收支差异不均衡，一些大型企业尤其是愿意应用共享服务中心的企业，总部一般设立于北京或者上海一些发达城市，所以也更愿意将财务共享服务中心也设在这些城市。但是这些城市的人工成本极高，虽然在一定程度上降低了人员的雇佣数量，但由于人工成本，这些地方的成本不减反升。另一方面，从整体来讲，中国平均人工成本相对于其他成本来说仍然很低，财务共享中心的投资往往高于人力成本。

（5）信息管理与信息系统成本的极大提高。财务共享中心的顺利应用不仅需要相关硬件设施，更需要具备软实力。例如，需要配备相关技术人员，可以进行程序的维护，除此之外，还需要懂操作的办公人员，这意味着还需要一笔巨额的培训费，国外更有的公司因为承担了巨额账款，无力支付，导致倒闭。

（6）巨大的税务风险及税务机会成本。一方面，财务人员面临的是数字，而无法直接与当地的税务局对接，导致会失去很多信息财务；同时，还要为了应付约谈和审计而忙碌。另一方面，由于财务人员与当地税务部门接触不佳，导致各项税收优惠政策申请的困难程度不断加大，使得企业失去大量税收优惠机会成本。

（7）财务共享服务中心员工有可能沦为弱势群体，人员流动率大幅度提高。由于企业建立财务共享中心，导致企业职工无法正常得到原有的尊重和认同感。在一些企业中财务共享服务中心被定为与原财务部同一级别机构，那么这一部分的职工则不会有危机感；而在另一部分企业被定位为原财务部下属机构，那么这一部分员工则得不到原有的尊重和职业待遇，造成财务共享服务中心的员工离职率较高。财务共享服务中心对于求职者来说则是一个巨大的陷阱，财务的智能化则意味着原有的职工保障降低了。

3.2.2　共享服务的发展

中国一直在大力发展经济，与此同时吸引很多企业来华投资，导致在华的跨国企业、地区总部在逐年增加，因此我国的国际竞争力日益凸显。而这些企业的内控、管理以及运营的优化则成为冰山一角，逐渐浮出水面，从企业经营效果来看，可以看出财务共享中心带来的效益是巨大的。在各类共享服务中心，国际上最流行的就是财务共享服务中心，通俗说就是财务文件管理外包服务。所谓财务共享服务中心就是将所有的财务工作集合到一起，进行流程化工作。通常包括财务往来账款处理，税款缴纳以及财务预算等的处理。财务共享中心的建立可以节省人力，提高工作效率，降低成本，增加数据透明度，更受市场监督，与此同时提高顾客的满意度。

财务共享服务中心在欧美等发达国家的应用逐渐成熟，中国市场也在快速地成长与发展，越来越多的跨国公司选择建立财务共享中心。以一家知名国际餐饮巨头为例，它在华设立了很多分公司，通过富士施乐的外包服务建立了财务共享服务中心。通过财务共享中心，该公司革新了财务管理流程。其中，各地收款人员和财务人员每天只需将票据扫描成电子文件、加上检索关键字、上传至管理平台，系统就会生成相应的电子凭证，进入财务审批流程。各地分店还能独立、快捷地通过该数字化财务管理平台查询发票信息和付款进程。不但工作效率得以大幅提升，也简化了部门及异地公司的查询流程。

3.2.3　关于智慧财务架构模型的相关研究

陈虎、郭奕（2019）认为，智慧财务的实现模型是通过重塑一个驱动（从流程驱动到数据驱动）、建成两个中心［财务共享服务中心（SSC）＋企业数据中心（EDC）］、发展三种职能（传统的财务核算职能、财务管理职能和运营管理职能）、打造四项能力（数据采集汇聚能力、数据算法应用能力、数据服务提供能力、新兴技术融合能力），进而实现五个全面（全流程系统支持、全系统自动连接、全信息智能采集、全场景数据洞察、全业务价值重构），从而促进财务运营方式的转型、升级和突破，从而完成先知、先决、先行的财务智慧化转型。

韦德洪和陈势婷（2020）认为，智慧财务管理的应用框架主要分为三个层级：数据基础层、智能技术引擎层和综合应用层。同时，智慧财务管理的 11 个新生外延均处于智慧财务管理呈闭环状态的应用框架中，且 11 个新生外延按照其功能的不同分置在层层递进、环环相扣的三个层级中，具备一定的逻辑结构。李克红（2020）借鉴古希腊帕特农神庙建筑模式，借用帕特农神庙由下而上的四大部分，将智慧财务管理"亭屋"模式分为四个层级，数据基础层、智能技术引擎层、综合应用层、智慧层，以体现人工智能视阈下基于大数据、智能技术的财务管理模式向智慧化财务管理模式扩展延伸的动态过程。

4 智慧财务平台的搭建

4.1 智慧财务管理模式总体框架

4.1.1 数据基础层

数据基础层是智慧财务管理系统进行运营的基础，也是整个系统运行最重要的部分，数据基础层主要包括原始凭据、业务信息、财务数据以及各种报表等。数据基础层主要是对数据库里的数据进行收集、添加、删除、查询等，并且按照需求向上层进行传递。数据基础层实现了软硬件资源的按需分配,多维度接入,高可靠以及扩展性的目标,能够有效降低信息化建设成本,提高信息安全保护能力,为智能会计共享平台建设提供基础设施能力支撑。

4.1.2 智能技术引擎层

智能技术引擎层是基于深度学习的文字识别(OCR)引擎的:该引擎主要对要运用的数据进行扫描,进而提取这些数据,通过数据库进行储存或数据处理中心按照相关指令处理分析数据。

4.1.3 综合应用层

综合应用层是集成智能会计共享平台的各种应用功能模块,是财务人员具体操作、直接体验的现实场景,它可以根据智能技术引擎层传递来的信息,进行录入、生成报表。每当企业发生销售,采购或其他业务产生的单据或者票据时,工作人员就可以将发生业务时相关的单据或票据中的记录依照合约层中企业采用的智能合约将其录入数据基础层,并且与相关纸质单据或票据、电子数据一一对应,如果检验无误则通过,如果检验有问题则会反馈给工作人员。

4.1.4 智慧财务层

智慧财务层则是智慧财务管理系统的最高层次。智慧财务层是由一般事务传递于高价值流程。一般事务性流程主要是基础的财务工作,如现金往来、账务报销、税务填报等。而高价值流程领域则涉及分析方面,如公司未来现金流量的预测、公司未来发展方向等。

4.2 人工智能视阈下智慧财务管理模式运行过程与机理

4.2.1 运行过程

（1）数据输入；（2）数据运输；（3）加工处理；（4）智慧输出。其对应的智慧财务管理框架下的数据基础层、智能技术引擎层、综合应用层以及智慧层。

大概来说，就是利用智慧财务系统对结构化和非结构化的数据进行收集，并在系统内部按照一定的结构对收集来的数据进行分流进而便于储存，最后在专业人员需要数据的时候可以在财务数据库中快速搜寻，在结合最后智慧层进行智能化分析，从而输出专业人员所需要的信息。

4.2.2 运行机理

这一部分是基于智慧财务管理系统的运行模式，包括数据库、处理中心等。通过流程化与自动化，将各环节信息进行密切配合，形成有机统一的人工智能视阈下的智慧财务管理系统。

首先获取用户需求后，向处理中心和数据库发送信号。经过问题识别后，一方面生成待解决的问题；另一方面进行数据的整理和归集，同时将运算分析请求发送到数据处理中心。收到问题后，数据处理中心对任务进行细化和分解，确定各个环节的数据分析正确并将任务进行分配和记录。在数据处理中心通过知识库进行修正。对收到的任务进行运算分析，传递给结果集成进行最后的组装。组装后的成果传递给智慧层，由智慧层根据用户的需求将结果对外输出。最后，在本次任务完成后，数据处理中心将修正和更新各个任务标准，并将其作为下次分配和执行任务的参考标准。

5　应用前瞻及问题建议

5.1　应用前瞻

5.1.1　专业财务领域的财务风险管理前瞻

随着全球经济一体化的出现，企业面临的风险越来越多。面临着容易出现严重的财务风险，智慧财务流程化和全程信息公开化，可以有效地防范财务风险，并且智慧财务输出的报告可以对企业管理层进行有效建议，最大化规避了企业的财务风险。面临着重大风险事件和国际业务风险也可以通过智慧财务管理，进而实现事前、事中和事后的全方位防范，因此引入智慧财务管理系统对风险的防范效果是最为显著的。

5.1.2　业务财务领域的产品营销管理前瞻

业务销售最重要的就是要做好市场的调查，通过对销售量的收集，消费者满意度以及消费者使用频率的统计，可以汇报形成销售报告，这对于下季度企业的生产和销售的投放渠道，公司的运营战略有很大的影响。

5.1.3 战略财务领域价值管理的前瞻

人类生活离不开大数据，从小的方面来说大数据可以探测到一个人的吃住行，从大的方面来说大数据可以统计一个公司的现金流量以及企业未来的发展方向。通过大数据企业从专业财务和业务财务向上延伸，能够挖掘出更多超强智能场景促进战略财务领域价值管理。例如，大数据可以通过观察企业日常业务以及现金进出方向，结合智能化分析，对企业未来发展方向给出建议。

5.1.4 智能财务领域的财务共享中心的前瞻

智慧财务共享中心的建立可以将财务工作各个阶段汇总到一起，实现从数据储存、数据处理、综合应用等流程化工作。例如 RPA、OCR、电子云的应用，令智慧财务共享中心的效率大大提高。

5.1.5 智慧财务领域的人机智能一体化业财管融合前瞻

通过大数据、智慧体、云计算等新兴技术的应用，将公司的每一笔业务都与智慧财务管理系统牢牢结合，公司财务人员和管理人员都可以通过智慧财务管理系统观察到每一笔业务带来的财务变化。目前的业财融合也仅仅是一个开始，在不久的将来，随着智慧财务系统的进一步深化，智慧财务将会影响到企业的方方面面而不仅仅局限于财务的处理。

5.2 当前企业智慧财务管理
运用中存在的主要问题

虽然目前智慧财务管理体系已经搭建完毕，各企业也开始使用，在一定程度上确实给企业的效率进行了一定的提升，但是目前仍有少数企业也只是套着一个智慧财务管理体系的外皮，内里仍然遵循着传统的体系操作。企业大量工作人员因循守旧，对财务管理方式的创新并不关注，导致智慧财务管理体系无法在企业内部正常运行，无法充分利用智慧财务系统，也没有将工作效率最大化。

5.2.1 管理理念陈旧

由于信息的不同步，大部分企业无法充分理解智慧财务管理的核心理念。甚至一些企业仅仅将其作为办公软件，只关注硬件设施的更新改造，这样的管理情况对企业来说有弊无利，不仅无法享受智慧财务体系的管理优势，从长远来说，对企业的整体发展十分不利。

5.2.2 信息技术水平不高

智慧财务系统更多的是需要基础硬件以及相应软设施的支持，如果企业希望创新创建智慧财务管理体系，则不仅需要提高管理者对智慧财务系统的认知，更需要企业提高自身信息技术水平。好的信息技术水平可以解决智慧财务管理活动大部分的技术需求，从而全方位地提升企业的财务管理水平。但是，目前仍然有一部分企业的信息技术水平不高，无法处理一些有着较高难度的问题，所以在短时间想要将

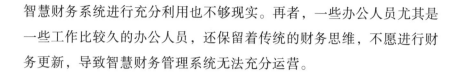

智慧财务系统进行充分利用也不够现实。再者，一些办公人员尤其是一些工作比较久的办公人员，还保留着传统的财务思维，不愿进行财务更新，导致智慧财务管理系统无法充分运营。

5.3 整改措施

5.3.1 实施科学的管理方式

企业应借助技术人员搭建统一管理的智慧平台，制定严格的流程制度，将获取的信息与业务进行整理归集。好的智慧管理平台，不仅仅是对数据的有效整合，也方便企业各部门之间进行信息的获取，员工也能更好地借助平台进行相关的财务工作，进而使信息更加透明化，流程更加规范化，效率达到最大化。除此之外，平台的信息化特点还能将企业内部运营状况真实地展露在工作人员面前，从而更好地开展财务工作，使财务工作保质保量地完成。

5.3.2 树立智慧财务的理念

很多企业并没有充分理解智慧财务的理念，仅仅停留在表面的文字理解上。智慧财务不仅仅使财务与计算机融合，更多的是利用大智移云物区等新兴技术对财务数据进行有效收集与整合，进而可以通过平台对有效信息进行提取，提供管理者所需要的报告，从而对企业的决策进行影响的管理系统。一方面，利用大数据、云技术、物联网等有效结合可以提升企业管理效率；另一方面，通过将人与物的充分结合，让智慧财务深入每一项业务，使得管理者更好地管理本企业的财务。对于企业管理人员来讲，一定要充分认识智慧财务，将智慧财务落实在企业的方方面面，只有这样才能将企业效率最大化；对于财务人员来说，一定要摒弃旧观念，智慧财务的运行绝不是财务的负担，正确运用智慧财务系统可以取得事半功倍的效果。

5.3.3 有效提升信息技术水平

有效提升企业的信息技术水平可以从两方面来讲，一方面是提升企业的硬件实力，企业实施智慧财务管理体系时，可以将自身的信息技术水平同步提升。从物联网的角度来讲，企业应当即刻引入云处理系统以及智能数据传输系统，从而在未来的智慧财务管理过程中为该体系提供安全的技术框架。另一方面，员工也要提升自身素质，对于一些不具备操作能力的财务人员，企业应该邀请专业的操作人员对相关财务人员进行统一的岗前培训，对于一些业务不精进操作能力也不强的财务人员，应该先让他们增进专业财务能力，在具备一定的知识储备时，再统一安排他们进行操作的培训。基于此，应该安排上岗前的统一考试，考试合格后允许其上岗。在后续工作进行中，也要制定严谨的工作制度，定期对他们的表现进行考察。

6 小　　结

随着社会的发展，人类已不再满足于传统生活。通过应用"大智移云物区"等新兴技术，人类的生活生产发生了翻天覆地的变化，"智慧城市""智慧旅游""智慧购物"等智慧体的出现。"智慧体"标志着智慧体已成为不可抵挡的趋势，建设的发展和推进也迫使企业的财务管理向智慧财务管理转型，但是目前智慧财务的推进还存在一些问题，如何解决这些问题是目前亟待解决的。

与此同时，智慧财务管理概念的出现，不仅给企业带来了机遇，同时也带来了挑战，遇到新机遇不能退缩，而是要积极推行智慧共享财务管理体系，通过不断推行节约人力，提高企业效率，进而提高企业内部管理水平，促使企业不断地发展，进而为我国的经济发展贡献力量。

参 考 文 献

［1］韦德洪，陈势婷．论智慧财务管理的内涵、外延、特点与应用［J］．会计研究，2022（5）：40 – 48.

［2］隋金凤．智慧财务管理在行业企业投资中的应用与决策［J］．商场现代化，2022（16）：184 – 186.

［3］谭明军．论数据资产的概念发展与理论框架［J］．财会月刊，2021（10）：87 – 93.

［4］谢达，梁荟敏，王实．数字化转型下智慧共享财务管理体系建设［J］．会计之友，2022（1）：145 – 152.

［5］谈梦绮．对企业智慧财务管理创新的思考［J］．中国总会计师，2022（3）：175 – 177.

［6］姚丽，陈舒．人工智能视域下湛江电信企业智慧财务管理体系构建研究［J］．会计师，2021（20）：125 – 126.

［7］傅元略．智慧会计：财务机器人与会计变革［J］．辽宁大学学报（哲学社会科学版），2019（1）：68 – 78.

［8］李克红．人工智能视阈下的智慧财务管理研究［J］．财务与金融，2019（6）：63 – 68.

［9］刘光强，干胜道，姜骞．"区块链 +"视阈下智慧管理会

计应用逻辑［J］. 财会月刊，2020（16）：69－75.

［10］许金叶. 智能管理会计：智能合约的缔结与履行［J］. 会计之友，2020（10）：156－160.

［11］李克红. 人工智能视阈下智慧财务管理模式架构研究［J］. 会计之友，2020（5）：59－62.

［12］黄雅杰. 智慧财务背景下企业内部控制信息化建设［J］. 商场现代化，2022（13）：148－150.

［13］胡仁昱，孔令曼. 管理会计信息化的理论与框架［J］. 财务与会计，2016（5）：56－58.

［14］李闻一，李栗，曹菁，陈新巧. 论智慧财务的概念框架和未来应用场景［J］. 财会月刊，2018（5）：40－43.

［15］吕中华. 智慧财务管理体系的构建与实践研究［J］. 中小企业管理与科技，2022（8）：104－106.

［16］Askary S.，N. Abu-Ghazaleh，Y. A. Tahat. Artificial Intelligence and Reliability of Accounting Information. Conference on E-Business，E-Services and E-Society. Springer，Cham，2018：315－324.

［17］Chen，D. W. Cheng. Selection of Intelligent Fi--consumptionnancial Management Models for Chinese Enterprises Towards AnOperational Framework. Operational framework. The IEEE 18th International Conference on TechnologyIndustrial Informatics，2020：435－439.

［18］Min，H. Artificial Intelligence in Supply Chain Management：Theory and Applications. Management：Theory and applications. International Journal ofLogistics Research and Applications，2010，13（1）：13－39.

［19］Luo，J. Q. Meng，Y. Cai. Analysis of the Impactof Artificial Intelligence Application on the Development of Ac- consumptioncounting Industry. Counting industry. Open Journal of Business and Management，

2018，6（4）：850 – 856.

[20] Shaffer，K. J. C. J. Gaumer，K. P. Bradley. Artificial Intelligence Products reshaped Accounting：Time to Retrain. Development and Learning in Organizations：An International Journal of Science，2020，3（1）：1 – 3.

第 2 部分　"智慧 + 高校财务"

1 人工智能对高校财务的影响

1.1 预算申报管理改变

在建立智慧校园的基础上，以云计算技术为基础，建立了一个财务云平台，它与强大的数据分析和处理能力相结合，可以降低预算管理的中间层级，从而实现更加精确的预算管理。在此基础上，进行了全面的财政预算改革，使财政预算更加有效。以强大的电脑资料处理与高速的网络传送能力，财务资讯系统的建立，以达到对预算进行实时性的监视与准确性为目的。在对财务业务处理平台进行监督的情况下，为其他有关部门提供了一个可以让他们随时查看自己部门的预算和执行进度的窗口，从而可以有效地防止和杜绝有关部门没有预算或超预算支出的情况出现。[1] 对满足条件的，在预算规定范围内的每一项经费支出，都要通过结算平台进行精准记录、实时传递和及时汇总，为全面、有效的预算执行监督，以及财务统计分析提供技术保障。

1.2 会计核算方式的改变

要把"互联网＋"技术运用到高校财务工作中去。对财务信息系统进行更新，在延续传统优点的同时，实现与其他财务软件的无缝连接，保证数据统一和管理效率最大化。在智慧校园的背景下，核算软件信息化能够让会计核算实现自动化，比如一次输入会计业务基础数据，就能自动生成其他有关凭证，还能完全实现网上报销。因此，在财务大厅，再也不会出现排队等待报账的低效办公模式，财务人员只需要在网上对原始单据进行审查，这样就能极大地提升财务服务的效率与品质。随着"互联网 +"技术的广泛运用，财务部的员工可以实现 8 ~ 10 小时不间断地工作，他们可以逐渐实现灵活的工作时间，让家庭中的重要事情与家庭中的工作相匹配。对银校互联系统进行开发，利用财务系统"网银结算平台"，来解决银行资金的电子划转问题，将支付方式完全转变为个人银行卡（官方卡）方式，这样就可以减轻收银员的工作强度，同时也可以降低现金的风险。实施会计软件的信息化，使高校的财政状况得到很大改善，工作的品质与效能得到提升，让全心全意为教师与学生提供优质的服务，让智慧校园的理念得以落实。同时，高校财务人员将更多的时间和精力用于对财务管理进行创新，从而达到了财务工作的自由。

1.3　薪酬和报销方式改变

高校智慧财务将"个人收益"中的员工的人事资料进行统一存储，对学校所有员工的人事工资进行统一管理，可以随意设定工资计划、发放项目和计算公式，以适应不同的工资管理需求；薪资资料易于管理，可以从薪资机构或扣缴机构中提取，自动计算所得税、公积金等，并可在线产生公布资料，便于查询。根据大学的薪酬管理制度，对各种人员（在职、离退等）的薪酬支付和数据存储进行管理。利用累进税率的定义，对个人所得税进行自动计算，并可随着国家税法的变化对其进行调整。丰富详尽、多种式样的工资条、留档表和各类归纳统计，报表栏目、打印样式可以任意设置，还可将其转换成其他文件格式。根据定义，将薪资费用的发放实现自动化，并将产生的凭据存入会计系统。完全存储薪资历史，可以在任何时候查看过去的薪资资料。极为丰厚的汇总表、统计表资源，为薪资资料的解析提供了良好的保证。

在线报账系统主要用于预约报销，报账人可以登录财务部门的"在线报销系统"网页，在得到批准之后，就可以在财务部门一个专门的柜台办理报销，这样就不需要排队了，可以直接办理，非常方便。报销人（包括授权报销人）只可以看见以自己的用户名登录并填写的报销业务，无法看见以往或其他用户登录后所预约报销的具体内容。选取资金卡的条目，填写日常报销、差旅报销和借出的文件资料，实现多条目的申报。为减轻财务人员的工作负担，实现了对报销项目的自动处理。免费定时不间断的预约，免去了人们排队的麻烦；在不见面的情况下，可以降低冲突。对预留资料库与会计资料库中的资金项目、临时付款、项目结余以及票据分录进行同步处理。与"非现金结算"和"短信平台"相结合，将会产生更好的效益，从而构成一个完善的业务链条。

1.4　在改变高校财务人员工作方式的同时促进会计职能转型

在很多人的心目中，会计通常被称作"报账员"，协助商务部门做好财务报表工作，通常都是刻板、一丝不苟、死气沉沉的。在内部员工心目中，日常的会计工作主要内容有三个方面：一是审核票据，办理报销；二是对凭证进行记账结账，编制报告；三是按照有关部门的要求，对财务数据进行分析。实际上，这些工作都是由会计人员人工完成的，耗时较长，而且数据精度较低，不能达到决策的及时性和有效性要求。在采用了高校智慧财务系统之后，将财务与业务紧密地联系起来，从前端就可以得到最准确的数据，在进行统计工作的时候，可以利用强大的系统，及时准确地进行统计，从而提升了数据的及时性和准确性。

在大智移云时代，财务信息同步处理、在线财务决策、云报销与云管理、大数据会计以及实时财务报账等情况都将变成可能。此外，大数据核算流程更加注重于对数据信息的归纳、预测以及风险监控，从而适应高校动态、实时的战略目标需求。这就需要高校财务工作的核心应从财务核算转向管理会计。目前，高校财务管理的目的已经从单纯的事后会计和监管转变为对财务发展进行预测，对财务项目进行分析，对财务风险进行控制。

2 高校智慧财务概述

2.1 高校智慧财务概念

智慧财务指的是在对算法和逻辑进行了界定之后，利用信息技术，实现了对财务数据的实时收集、处理和分析，并将分析结果分享给管理者，为他们提供了一个个体化的决策支持基础。财务信息化从实现计算机核算的会计电算化，到单向传递的网格化管理，到如今强调标准化、自动化、智慧化的智慧财务，更多地运用了信息技术，更深入地融入了业务数据。若将智慧财务中的"智"理解为建立规范化的过程和规范的运作机制，而"慧"则可以理解为能够实现对数据的自动生成。高校智慧财务并非单纯的信息系统建设，而是包括了财务和基础业务，并对其进行了全面的覆盖。在此基础上，要加强前期的审核和事中监督，并运用信息化技术实现后期的个性化管理。在网上对高校的财务行为进行提示和预警，并进行业绩评估，提高资本的利用效率。最后，以规范过程、整合业务和财务、防范风险、共享数据和实现高效的管理和决策为目的，来实现高校智慧财务建设。

2.2 高校智慧财务的实现路径

在高校智慧财务的实现路径中，管理层是关键的一环，在推动高校智慧财务系统建设的时候，要做到统一的设计规划、逐级实施，稳妥稳定地推进智慧财务系统的建设和发展。[2] 首先，对高校智慧财务体系进行顶层优化，为高校智慧财务的构建提供总体的指导。其次，改进和推动高校业财深度融合，以及对重要流程进行分析与再造，最后形成一个健全的高校财务平台。这三个步骤的具体实施次序，可以结合学校的实际来加以调节。以各大高校的业财融合程度为依据，可以对系统建设和流程梳理展开先后次序。对于业财融合程度高的高校，可以先对其进行流程梳理，而后进行业财融合。而对于那些具有比较低的业财融合程度的高校来说，它更适合于先将高校财务系统建设完成，之后再展开流程梳理工作。在此过程中，高校的业财融合程度会直接地反映出高校智慧财务推进的基础条件准备情况。所以，目前高校信息系统的覆盖水平，对后续的智能财务建设推进效果有很大的影响。将各个信息系统融合在一起，形成一个高校智慧财务平台，这是推动整个智慧财务建设最关键的环节，它将设置好的流程框架嵌入平台中，平台系统对发生的经济业务进行风险监测，并对错误风险操作作出预警。智慧财务平台能够给高校计财处和行政工作人员带来很大的方便，可以减少类似的信息重复输入，节约人力，使高校能够将更多的人力用于更为需要的岗位，加快高校财务工作的速度。

2.3 高校财务智慧化相关的智能技术

2.3.1 云计算

云计算是在大数据环境下发展起来的，它为解决大数据问题提供了强大的手段。在云计算环境下对数据进行分析时，必须对计算公式和框架进行定义，并将多种计算方法进行有机整合，以保证算法的可扩充性。在构建高校智慧财务平台时，将云计算用于对大量的业务和财务数据进行运算。一方面要构建一个统一的计算模型，比如会计报告等；而另一方面，则要针对学校的发展，制定出相应的计算公式和计算框架。通过对这些信息的分析，实现财务分析和业绩评估的自动化和智能化。

2.3.2 财务机器人（RPA）

财务机器人（RPA）本质上是一项 AI 技术，其不但能够实现对数据的集成，而且能够对其进行深度的分析，并对其进行及时的预测和调整。从原理上讲，财务机器人完全可以做到对一切结构性的资料进行解析，并按照一定的规则去执行，既准确又可靠，又不会出现人为的失误。其具有快速、低能耗、有规律工作等优点。在构建高校智慧财务的过程中，使用了"财务机器人"，能够使计算自动化，产生有规则的、复杂的付款信息，从而使支付自动化。

3 高校财务数字化智慧化平台构建

3.1 高校财务数字化转型的动因与目标分析

3.1.1 高校财务数字化转型的动因

（1）持续提高监管效率和监管效率的内部要求

在高校财务管理的基本定位中，主要包含了服务保障与核算监督两个部分。伴随着高校财务管理内涵建设的持续深化，仅仅将重点放在基础核算上的管理模式，已经不能与新形势的发展相匹配，财务服务保障从经费保障，扩展到学科提升、科研创新等内涵建设的服务保障。而新的情况也对财会监督提出了新的定位和更高的要求。[3] 所以，提升财务服务保障能力，并将财务监督的效率变成了高校财务持续改革创新的内在需要，促进着高校数字化财务转型。

（2）在数字经济条件下，积极地顺应高校改革的需要

在数字化时代，随着数字技术的不断革新和运用，对传统的高校财务管理方式产生了巨大的影响，科技使财务的边界被持续地打破。同时，高校的财务也将逐渐朝着自动化、智能化的方向发展，并持续

地与其他业务相结合。随着数字化技术的不断发展，越来越多的观点认为会计工作将由计算机代替，因此，在颠覆式的变化来临前，大学的会计应该积极地去顺应变化，朝着管理会计的方向发展，才能不被时代所摒弃。

（3）创建一流高校的目的

随着我国"双一流"高校的发展，我国高校要持续提高自身的办学实力，提高自身的学术和研究实力，迫切需要构建一套适合我国"双一流"高校的财务管理系统，为我国高校的发展提供决策支持和资金支持。这就需要对传统的计算式财务进行变革，将财务服务向其他的业务范围拓展，实现与人事、教务、网络、规划部门等之间的信息互通，为高校的学科建设、科研创新、人才引进等特定的业务提供更加精准、专业的财务服务，并将这些财务信息有效地运用起来，帮助高校进行规划和决策，从而达到价值创造的目的。

3.1.2 高校财务数字化转型的目标

高校通过数字化转型，进一步挖掘出数据的价值，并最终实现对数据的可视化，从而促进高校的数据中台的构建，促进整体的财务数字化转型，使管理会计的决策作用得到最大限度的发挥。在这些因素当中，技术既是促进财务共享服务数字化转型的动力，也是实施比较型的一个着力点。财务共享服务的数字化转型着重于利用技术的运用，来提高效率、集成信息系统和提升数据服务能力等。从信息化集成的观点出发，实现金融共享业务数字化改造，主要是指财务共享业务与 ERP 的有机结合。这当然需要将财务的服务功能理念充分地体现出来，让它能够真正地深入业务流程当中，为业务流程提供数据的参考依据，并让它对管理流程有一个真实的了解，从而为管理决策提供有关的信息。

3.2 高校财务数字化转型的技术驱动力

3.2.1 大数据：拓展财务视野，挖掘数据价值

大数据的理念与技术经历了近几年的发展，当前的重点是"数据的价值"。大数据技术的本质，就是将数据的价值作为其目的的一系列工具，它涉及数据采集、数据整理、数据存储、数据安全、数据分析与处理、数据呈现与应用等各个方面。而使用大数据技术，指的就是将这些新的手段用于存储和分析大量数据之后，从而将数据的价值挖掘出来的过程。

第一，大数据改变了人们对数据进行分析与加工的思路。首先，随着资料收集与储存技术的发展，财务不再使用取样，而是使用完整资料模型；其次，财务资料只有两个小数点，但很难给出正确的分析，大数据使得财务不再一味地寻求绝对的精度，而是更加重视分析的有效性。最后，由于大数据更加重视相互间的影响，能够更好地从重复尝试式会计中挖掘出更多有意义的相互影响，并通过对这些相互影响进行深入的研究。

第二，大数据拓宽了财务的眼界，提高了财务"看得见"的数据数量和规模。大数据具有数据量巨大和数据类型多样化的特点。多样化是指数据的种类非常多，不仅可以用表格或者数据库来分析那些具有一定结构的数据，还可以分析非结构性数据。在数据的界限变得更加清晰的情况下，高校能够从更加全面的角度对其行为进行评估，从而将数据从内部延伸到外部。

第三，通过大数据，高校能够更好地利用信息，更深入地发掘信

息的价值。大数据具有时间和价值两大特性。大数据是一种动态、快速生成的、实时的数据，使用者必须对其进行充分的控制，并对其进行高效的使用，从而使得对其进行处理与分析的效率要求越来越高。大数据技术能够在时效性和价值性的双重作用下，将财务从事后的周期记账方式转化为实时核算，从而将财务报告从事后编报到实时报告的发展过程。通过对大数据的分析与挖掘，可以为财务决策提供可预见的信息。

3.2.2 云计算：提升数据算力，搭建财务云平台

云计算能够快速地提供网络服务、存储服务等。"云计算"的"资源共享""动态调度""即时反应"等核心思想，将为共享服务商带来新的发展机遇。云计算可以降低信息化的开发和维护费用，帮助财务转型。云计算以其资源的可分享性和可扩展性，为大数据的分析与处理奠定了坚实的计算基础，也为大数据与人工智能等技术的发展奠定了坚实的理论与实践基础。由于存储和计算能力的提升，高校可以对不同数据源的高速移动的海量甚至是实时数据进行分析，在过程和方式的转型方面，持续地发展和改进云计算技术，为协作和共享提供了技术支持，进而促进了财务流程再造的进程。在不断推进财务过程重组与协同集成的过程中，将从财务集中、财务协同、财务共享向"财务云计算"转变。通过"上云"，降低了公司信息化的投入，实现了"信息流""审批流"和"单证流"的融合，为信息系统的互联创造了条件，从而突破了围墙，实现了从人员开支到应收账款管理、资金管理、合约管理等全方位的互联互通。

3.2.3　人工智能：提高自动化能力，催生智能财务

人工智能在财务数字化转型当中的应用主要体现在：

第一，实现会计工作的自动化作业。人工智能将重复性高、业务量大、标准化程度高的财务业务进行集中处理，符合常规、可预测和基于规则的工作条件以及少量、稳定以及结构化的数据条件，可以通过部署机器人流程自动化（RPA）的形式，实现常规业务活动的自动化作业。

第二，在自动化的基础上，利用机器学习技术发挥人工智能作用。机器学习是赋予人工智能此类能力的技术核心，已经实现的前瞻性判断预测系统、解读语音和文本的自然语言处理系统、识别视觉内容的机器视觉技术等都依托于机器学习技术。机器学习通过模型和算法的应用，可以在复杂的变化当中学习和适应，以保持对规则判断的一致性，当自动化的程序具备学习与判断的能力时，便具备了一定程度的智能。

3.2.4　区块链：建立信任机制，促进模式创新

区块链（Blockchain）是利用加密链式区块结构来验证与存储数据、利用分布式节点共识算法来生成和更新数据、利用自动脚本代码（或称智能合约），来编程和操作数据的去中心化基础架构与分布式计算池式。

区块链具有去中心化和不可篡改的特点。其对智能合约功能的重新定义，为高校的数字化转型提供了技术条件。首先，去中心化体现在区块链采用纯数学的方法建立分布式节点间的信任关系，形成可信的分布式系统，产生交易、验证交易、记录交易信息、进行同步等活

动均是基于分布式网络完成的。其次，特殊的加密技术保证了区块链的安全性，想要篡改区块链中的数据只是在理论上可行，但所花费的电力、设备等并不符合成本效益。另外，智能合约作为一种嵌入式程序化合约，可以内置在任何区块链数据、交易、有形或无形资产上，形成可编程控制的软件所定义的系统、市场和资产。这些特征提供了去中心化的交易模式与数据安全保障，还为自动化业务提供了解决方案。

对会计信息系统而言，基于区块链的可信信息保障机制可以使原始交易和会计处理过程固化。具体来说，利用区块链技术与外部交易信息系统连接，在确认环节保证全部节点数据准确，在计量环节为各类计量属性提供全面准确的信息，在记账环节利用分布式的记账体系确保不可篡改，在报告环节实现自动披露，降低信息不对称。同时，区块链的智能合约同样可以实现交易的自动化处理，并确保交易的可靠性。一旦满足了事前定好的条款，将会自动触发交易，执行约定的合同条款并满足上述记账条件。

3.3　高校财务数字化转型应具备数字化能力

3.3.1　数字技术应用能力

财务要主动融入数字化技术，加强运用。其理由就是要达到财务对公司的决策支持，从而更好地起到服务的作用，依赖于组织所提供的信息。数字技术的应用能力可以影响高校的认知能力和决策水平。为了在财务领域中运用数字技术，财务部门必须对数字技术的发展具有高度的敏感度，并密切注意其发展的现状和趋势。因此，财务部门必须适时地评价科技对财务行为的作用，并加强科技与财务行为的整合。[4]

3.3.2　数据智能和价值创造能力

为了提升财务部门的信息质量与价值创新，财务部门必须理解数字化技术的特性，保证其信息品质，并推广应用具有较高普适性的信息。财务部门必须认识到，数字化技术的应用与因特网环境下的应用是不一样的。在网络环境下，技术应用的焦点是流程优化，而财务共享业务正是通过网络技术来优化流程，提高效率。目前，财务部门更应该考虑的是如何利用数字技术，发挥数据的功能，从而提高财务部门的经营效率，将传统的人工操作转化为由系统与数据辅助的方式。用数据来创造有意义的东西，就是数据的智慧。但是，我们应该清楚地认识到，并不是全部的资料都是有用的，准确的资料更重要。数据的可信度是数据的重要属性，低质量的数据会引起决策失误，而不实的数据则会引起决策失误。尤其是对于基于决策的财务数据来说，要想真正地达到数据的智能化，首先就是要建立一个财务共享服务，来解决数据的真实性、合规性、完整性、及时性和有效性等问题。

在确保数据质量的基础上，高校对这些数据的感知能力依赖于其普适性，即来自不同的数据源，不同的数据种类。财务部门必须运用先进的分析技术，将高校的结构化与非结构化数据、财务数据与非财务数据进行集成，以提升财务人员对数据的分析能力。在此基础上，一方面可以寻找新的利益实现途径；另一方面，对于制订新的价值链改善方案，以及以一种更为综合的方法来解决问题，也具有一定的指导意义。

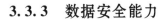

3.3.3　数据安全能力

要想在财务中实现数字变革，信息的完整性是一个不容忽视的问题。在数字化过程中，不但要用数字化技术来重构核心业务，还要有与之匹配的数据安全能力。随着与外部利益相关者的广泛接触，财务共享服务得到了更多的信息。然而，海量数据在采集、存储和利用等方面存在许多安全隐患。以用户信息为代表的大数据所引发的信息泄露，不仅会带来巨大的诉讼费用，还会给信誉带来严重的影响。实际上，在高校进行数字转型过程中，信息的安全性已经成为必须面对的一个重要问题。组织要从业务范围内数据全生命周期的视角，做好数据采集、数据存储、数据处理、数据交换和数据销毁等方面的工作。在此基础上，从组织架构、系统流程、技术工具、人才素质四个方面对组织进行全面的提升。

3.3.4　数字化领导力

财务数字化能力的构建既是理念和技术问题，又是领导力问题。财务组织需要避免自身数字化转型缺少来自顶层的支持，或者财务部门的管理人员陷入观望而不断推迟转型等误区，要让分管财务的管理人员逐渐参与到数字化变革当中。数字技术通过彻底改变财务模式，在创造机遇的同时，给财务组织带来了新的挑战，要求财务管理者加速转变为数字模式，从数据中实现更多新价值。对财务组织的管理者而言，财务数字化领导力将成为转型成功与否的重点。如何衡量财务的数字化领导力？业务领导和技术部门的联系是否紧密，是衡量数字化领导力的方式之一。原因在于，数字技术和业务的融合程度，决定了在数字化转型中的不同战略选择，进而影响数字化转型的效果。当财务组织青睐于使用技术而与业务结合不紧密时，则容易使发展偏离正常轨道，达不到预期的效果。数字技术只有与财务活动相互融合，才能为财务组织提供持续的优化，财务数字化转型的领导者的战略选择在其中起到举足轻重的作用。

3.4 构建高校智慧财务平台的意义

利用信息化对报账过程进行重新设计，将物流、信息流、资金流三者统一起来，不仅节省了使用者的时间费用，还提升了财务和有关部门的工作效率，而且还能合理有效地分析集成后的数据，为今后在管理方面有待改善的方面，提供更为科学合理的数据支持，促进了学校的全方位改革，最终达到了规范化、精细化、科学化、个性化的教育决策。[5]

在大数据时代，高校财务管理发生了很大的变化，它推动了财务主体、财务管理量、财务工作流程等方面的变化，特别是在人工智能、云计算等新一代数字技术的支持下，高校财务管理呈现出信息化、智能化等特点。同时，学校会计系统的建立也会对学校会计系统的运作产生一定的影响。所以，要顺应大数据时代的发展趋势，持续推进高校财务管理制度的建设，保证高校财务管理部门与其他部门的工作能够正常开展，从而推动高校财务管理工作的效率和质量能够稳步提升。

随着"数字校园"的兴起，各大高等院校的金融信息化也日益成熟。把单一的会计电算化提升到数字化信息技术平台，网络环境下，在财务管理方面，从原本低级的会计核算提升到了财务管理的功能，极大地拓展了财务的职能，满足了校园数字化的需要，根据数字校园建设的整体规划和信息规范化的要求，对财务综合管理功能进行

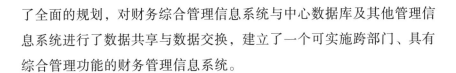

了全面的规划，对财务综合管理信息系统与中心数据库及其他管理信息系统进行了数据共享与数据交换，建立了一个可实施跨部门、具有综合管理功能的财务管理信息系统。

3.5 高校财务数字化智慧化平台构建的内容

3.5.1 高校预算管理智慧化

高校预算管理智慧化注重在预算管理制度上的创新，一是要从全局角度出发，根据全局的现实情况，对学生的发展战略目标、基本建设情况、财力、效益等起到决定性作用的因素进行全面的分析，对预算进行科学的制定，对高校已有的资源进行最优的分配和有效的使用，促进高校的良性、平稳发展。二是将"全过程"的"动态"管理纳入高等学校的"预算"之中，既包括"事后"的计算，也包括"事前"的预见和"事中"的控制。健全批准体系，对各种开支进行严密的控制。[6]三是适应市场经济与大数据环境下的发展需要，从财务现实出发，综合运用预算、协调、分析与规划等多种财务管理方法，加强对预算实施过程的控制，并进一步提高财务管理的层次。

3.5.2 高校内部控制智慧化

在整个财务信息化管理中，财务内部系统是最关键的部分，以往以财务核算系统为主要内容的会计方式，已经不能满足当前国家对高校发展的需要，因此，要建立起以预算管理、资金管理、分析决策全生命周期的财务管理体系。全面预算系统、核算系统、决算支持系统的互联互通，是持续完善财务管理生命周期的重要支撑。全面预算系统能够更好地执行财政三年滚动预算要求，用长计划短安排的形式更好地统筹和平衡预算收入和支出方案。预算执行过程中的实施、控制和管理与财务核算相互约束，对执行结果和差异的分析可以更好地支持决算分析。通过规划、实施、监控、分析，实现学校的业务发展与战略目标。通过全面预算系统、会计系统和决策支持分析系统（也被称为财务座舱）的实时连接，可以优化企业的财务管理模式，提升企业的工作效率。通过建立一个由高校领导班子成员组建的综合预算管理小组，对高校的财政资金进行统一的会计核算，从而实现对高校财政资金的有效利用。通过与高校内部其他系统的连接，能够促进在"互联网＋下"，财务与教务、研究生院、科技处等部门之间系统的互联互通。其中，学费、工资酬金系统与教务管理系统、研究生管理系统、宿舍管理系统、助学贷款系统、迎新、离校系统之间的连接，以及与科研管理系统、资产管理系统之间的相互连接，这对于扩大大学管理的领域，提高管理效率具有重要意义。

3.5.3 高校收费智慧化

财务收费作为高校财务部门的一项主要工作，具有较强的政策性、较多的收费类型、较高的关注度以及较大的影响范围等特点，这使得它在高校的财务风险管理中，是一个非常关键的要项。高校财务缴费平台是一种由两个"源"、五个"模块"组成的网络技术，以一个统一的网络化数据处理界面为基础，与其他几个模块进行了无缝连接，在信息全面共享的情况下，实现了全程式的收费管理。第一个"源"是缴费来源，它包括了学生的学费、教务等支出，住宿、考试、保险，以及各种形式的会议、培训、查档等；第二个"源"是储蓄来源，也就是与学校有关的开户行和支付宝账户。五个模块，分别是：网上付款处理模块、票据管理模块、财务核算模块、财务审批模块、安保审核模块。在网上缴费的过程中，要完成收费项目管理、缴费查询统计、项目授权管理和缴费系统的维护等工作。这个模块是缴费平台的核心纽带，它将缴费源、存储源以及其他模块连接在一起，从而达到多元交互，协同共融的目的。[7]

高校财务网络缴费平台的应用包括收费项目部门、主管收费的财务人员、学生等缴费人员、主管票据的财务人员和主管记账的财务人员等多个方面。其中，收费项目部门将会对收费主体的项目申请表进行整理，将收费项目名称、收费标准以及收费对象等详细的信息进行整理，并将收费票据的种类和对应的数额进行归档。会计主管收费，对收费项目进行审核，产生付款项，设置付款方法，设置收费单据种类；用户本人登录功能单位的用户支付体系或者登录财务的用户支付体系，通过确定的用户支付体系，然后按下支付指令，使用网络银行或者支付宝等方式进行支付，然后查询用户的 SMS 验证代码，验证用户支付的用户信息。会计部门对单据进行审查和核对；会计主管对单据进行智能化处理，并留意有关的银行到款单据。要对网上缴费平台进行有效的风险管控，要将不兼容的岗位分开，明确等级权限划分，要对收费事项进行申报和审核，要按照规定的流程进行，要对"互联网 +"下的安全问题进行有效管控，要保证"阳光收费"工作的顺利进行。

3.5.4 高校票据智慧化

票据影响管理模块与国家和各地区税收信息平台直接相连，可以直接对原始票据展开检查，这样可以确保原始票据的合法性，可以预防原始票据的伪造现象，还可以极大地节省财务人员人工核对原始票据的时间。在利用这个功能的时候，可以将原来的文件进行扫描并上传，这样不仅大大节省了审核的等候时间，而且还能对票据进行影印。通过利用大数据、云计算等信息技术，可以对票据进行查重，避免对原始单据的二次利用，从而可以有效地降低高校的资金损耗，同时还可以降低高校的审计和税收风险，从而大大提高了高校的资金管理质量，让财务人员可以从日常工作中解脱出来，从而能够更多地投入对财务进行分析和管理的工作当中。由于各种复杂的工作流程，高校中有很多的文件和凭证，它们是非常重要的，也是以后进行审核和错误追踪的主要工具。

3.6　高校智慧财务的未来发展

3.6.1　高校发展战略相适应

高校智慧财务的构建，能够有效地改善当前财务人员在工作中存在的工作任务设置不明确，工作流程不明确，业务与财务不相结合等问题。[8]借助建设智慧财务平台，能够使业务流程全程在线处理、业财信息高度共享，完成事前监管、事中预警、事后动态决策，使财务工作实现标准化、规范化、精细化、科学化。

3.6.2　搭建财务服务一体化的技术平台

高校将在"智慧财务"平台中嵌入有关的内控制度，不仅使企业的工作人员能够对其进行检索，而且还能够对其进行动态的监控，并能够对其进行有效的整合；还能够对资金进行更多的监督，让数据对管理进行赋能，为管理层提供及时、全面、准确的信息分析，帮助他们进行科学的决策；同时，运用现代信息网络技术，建立一套以财务资源标准化、信息化、规范化、移动化、智能化管理为目的的综合性网上报销管理系统。该系统根据业务流程构建了一体的布局，从而使各个业务单元互相联通，财务信息实时共享，信息填报远程快捷，报销审批网上流转，资金批复快速透明，预算执行清晰可控。与此同时，与手机 APP 的应用以及先进的设备相结合，构建出一种便捷高效、跨越空间、跨越时间的创新财务管理新模式，从而提升各个部门对财务服务的满意度。构建一个在线报销管理系统，将创新的应用技术作为一种方法，把提升资金效益作为核心，在政府会计制度的框架下，利用标准化的单据填写、业务审批的流程化、财务审核的网络化、业务处理的智能化来达到财务报销跨地域、跨时空、跨部门的相互协调，并与预算、采购、资产、合同、核算等系统展开数据对接，从而达到在资金使用的整个过程中，将业务贯穿起来的目的，将集约化管理的现代财务管理方式发挥得淋漓尽致。

4 高校智慧财务发展所面临的问题

4.1 财务智能化数据不够规范和健全

一方面，高校系统对接有待于进一步完善，数据有待于标准化，业财融合有待于进一步深化。[9]财务系统与其他有关部门的业务系统还没有形成充分的衔接，主要体现在各自系统内的数据统计口径不一样，不能自动准确地转化成需要的数据，需要教师和学生进行多次核对或补充资料。例如，在科研管理系统中的数据与在财务来款管理系统中的数据统计口径、分类之间存在着不相符的地方，这就造成了在处理项目立项时，会产生资金重复领取、入账等问题，这时就必须与项目负责人进行重新核实，并作出相应的改正，从而影响了工作的效率和精度，也不利于进行日常的管理。再如，对于电子发票进行自动查验，目前仍有一些区块链发票无法在高校财务系统中实现自动识别、查验和绑定，还需要老师到当地税务局的相应平台上进行查验，但是，如果是由财务人员进行手工绑定，则会加大两方的工作量，并且还会出现一些遗漏绑定等问题，进而造成电子发票的重复报销。另外，关于学费和住宿费之间的信息共享，目前主要是由教务处、宿管中心等单位在自己的系统里进行学分的统计与确认。确认正确后，将打印出来的表格交给财务，然后由学费柜台根据表格计算出学费和住宿费的数额，再手工计算，逐一确认正确后，把表格输入到学费系统里，这个过程需要花费很长的时间，而且还要考虑到会计人员的处理能力，所以会影响到他们的准确度，如果一个处理不好，很有可能会给学校带来经济上的损失。

另一方面，学校的智慧资料库也不完善。因为高校内部的组织架构比较复杂，在各单位之间进行业务交流时，存在着信息的分享和数据的连贯性较差等问题，从而造成了工作的低效。较低的数据集成度将不能满足政策制定者的需要。因为政策因素改变了账户或项目的属性，或者更换了财务系统，这些都会使多年积累下来的数据不能得到很好的汇总，使得这些零散的数据不能被整合为一个有效的信息，从而产生了很多财务数据的沉淀，使得决策者不能及时准确地进行总结和预报。

4.2 高校财务部门关键流程不清晰

4.2.1 支出事项业务流程不清晰

（1）反复进行事前批准

项目可行性论证和经济活动计划的批准属于前期批准的一种，并以其附加形式出现在预算编制过程中。比如采购、学生活动，这些都是要经过批准的。基建工程、维修工程等也要经过专门的工程论证。对这些计划的批准和对项目的可行性论证，在经济活动结束之后，还将其当作报表的附件来提交。在预算批准后，在上报和签字前，一些经济行为还需要进行独立的计划批准。这就造成了在编制预算的时候，在提交经济活动方案的时候，在付款申请与报账的时候，都要经过一个批准的过程，同一个业务人员对相同的经济事务提交三次重复的附件，并且还要经过三次的批准。业务内容一模一样，附件一模一样，流程一模一样，所涉及的人员一模一样，不但导致了工作效率的降低，而且业务人员也会为此抱怨连连，在重复的工作中耗费大量的时间。正是由于在方案审批、可行性论证、报账与签批等过程中，存在二次审批和三次审批，一些业务主管认为，事前审批是一种玩忽职守的行为，导致事前方案与真实报账的经济业务发生偏差。造成预算编制随意，事前计划随意，对整个经济活动的全过程没有进行有效的控制。预算管理没有发挥出事先监督的功能，在经济活动结束之后，不管报账和签批的过程中，资金都已经成为一笔开支，而在事先的审批过程中，由于缺乏清晰的思路，导致了在使用之前对资金进行的监控变得没有效果。[10]

（2）对事中控制的管理作用不大

学校利用内部控制来实现事中控制，但是，制度编纂只是起到事前查询、事后审查的作用，而不是在事中控制上真正的一个抓手。在学校的会计系统中，已经设定了可开支的经济类别，当超出一定的限额时，将出现不能储存的信息。但是，对于其他的一些环节，例如关键词预警、预算执行即将超支预警、重复支付预警等，都没有设定。在经济活动中，依靠业务经办人自律、业务负责人监管，对资金的使用及控制，不能进行实时监控。在进行了一系列的经济行为之后，往往会发现自己的财政资金不足，或者已经被违反了规定，导致了对企业的事中管理几乎没有任何作用。

（3）事后分析形式化

在经济活动结束之后，财务部门要进行核算，并产生相应的报告，要对预算会计报表和财务会计报表进行分析，还要进行省校两级预决算对比分析。当前，我国高等学校的会计工作主要依靠会计工作人员手工输入，而基本的资产负债表等则可以通过软件来实现。但是，当进行年度财务分析的时候，诸如资产负债率、暂付款占流动资产比率、应收账款账龄分析等，都要手工计算。一来可能会发生人为失误，二来由于工作繁重，也就只能够进行最基本的财务分析。表面上只是做了一个财务分析，其实并不能帮助人们作出决定。

4.2.2 预决算业务流程不清晰

作为学校的主要职能，学校的各项经济活动都要纳入预决算中。高等学校要构建以"项目库"为中心，将"项目库"的编制、实施、调整、补充和绩效考核等环节形成"闭环"。

在高校的基础设施建设中，已经制定了一份跨年预算，而其他的一些业务仅仅按照业务量进行了一份作业预算，没有被列入项目库中，也没有采用滚动预算法进行项目滚动预算的制定，也没有建立起一个在线的预算管理系统。在财政预算中存在着多次的调整和增加，造成了财政预算的不严谨。从整体上看，高校的财政预算还不够明朗，对其从申报到实施都没有进行全面的监督，对其所需的资金也没有进行有效的配置。

（1）以专案为中心的预算管理并没有完全推行

在总体预算框架下，高等学校要实施以"学科建设"为中心。其中，项目库是一种涵盖了高校各项经济活动的整个寿命周期的基础设施。将工程项目归类，按优先次序排列，按工程实施情况，按工程实施年限，按工程实施情况，实行滚动分配。目前，我国高等学校的财政预算没有实行全面、严格的项目库制度，也没有对除了基础建设项目之外的其他资金进行项目库的建设。特别是在建设周期较长的工程上，其跨年度的预算控制相对薄弱。高校财政经费与高校发展计划之间存在着严重脱节，严重地制约了高校的发展。在项目库的建设上，已经显得比较落后，不能及时地与财政部门已经上线的预算整合系统进行对接。同时，高校预算编制业务人员、财务人员也存在对相关知识、政策的学习和了解不足的问题，因此在预算管理方面还需要提升。

（2）对业绩的评估不够充分

加强对经费的责任和责任的追究，对经费的责任和效率提出了更高的要求。在制定预算时，需要各职能部门与各财政部门配合，共同完成基金的各项业绩指标，其中既有总体指标又有阶段性指标，既有阶段性指标又有总体指标。例如，高等学校"双一流"专项基金中的一些业绩指标，即产出、效益和质量指标，需要按照年度计划数和计划数来填写。各职能单位在工程实施过程中，要根据工程进度和工程进度，对工程进度和工程进度分别作一次自我评估，并在工程结束时作一次自我评估。并在工作中不断地接受领导的检查和考核。当前，在高校预算系统中，虽然能够进行年度总计划和年度计划的填报，但是却不能实现对实际支出的填报和自动产生，也不能实现对对比支出的闭环化，也不能实现对对比支出的有效控制。因此，高校每年的绩效自检都是一件业务量很大的事情，各种数据都要导出，然后用 Excel 填写，手工对比，并得出结论。

学校的财务部门每年都要对各部门的经费运用进行考核，由于其工作量较大，因此，在对其进行实际的业绩评估时，基本上仅对其进行了评估。这就导致了一些地方只注重实施率，而忽视了实际的资本利用效果。结果是，业绩考核只是一种形式，而且还导致了资源利用率低下。

（3）难以查询到各个部门的批准文件

高校的可行性研究采用了离线方式，而且所保存的文件都是以纸质文件形式保存下来的，没有电子文档。在资金运用过程中，很难查询到工程计划书或者可行性报告的内容。随着工程库制的全面推行，每一个工程都会生成一些可行性论证资料、绩效目标资料等，如果还是按照传统的文件形式进行管理，将会使查询变得更加困难。

4.3　高校现有内控系统不够适应智慧财务发展

我国高等学校内部控制制度不健全，经费使用粗放。[11]在职位的设定上，往往不能将不兼容的职位进行分开，而与资产管理风险相关的关键职位也没有建立起定期的轮岗制度。有些高校的岗位设置比较落后，但是由于缺乏足够的人手或者是老员工不愿意换岗，导致出纳、审核、制单、对账等相容岗位出现了一人多岗的现象，同时，对高校财务章、法人印鉴、银行网银等重要印鉴也经常会交给一人保管，这就导致了只有一人或极少人就可以完成对高校资金收支调拨的工作，在资金管理制度和流程上，各个岗位不能起到互相监督和互相管控的效果，只能依赖于该岗位工作人员的个人道德修养来对其进行约束，这样就无法保证高校的资金安全。与此同时，由于在高校中老员工不愿意换岗，或者管理层为了避免定期换岗带来的麻烦，经常会有一人在资金管理的重要岗位上待很长时间。虽然很多人拥有良好的道德修养，但是长时间在同一个岗位上工作，也会让他们产生一种慵懒放松的心态，这就让一些有心之人很容易就能发现其中的漏洞，从而对资金的安全造成危害。上述问题导致了高校经费的大量不足，也是早期高校中经常发生的盗用公款事件的根本原因。此外，传统的公立高校对现金的管理较为宽松，没有制定一个科学的、合理的、有计划的制度规定，对于超出计划的现金不能按时存到银行，还有一些违法的行为，比如"坐收坐支"、私设"小金库"等行为没有制约。在对账这一关键环节中，经常会有对账不及时、小金额误差不查等现象，更有余额调节表编制不及时、往来账务堆积、错账不处理等现象，造成不能及时发现高校资金问题，或在出现问题后经常会与陈年旧账发生混淆，很难查到并清理，这就使得后续接任对账岗位工作的人员对账工作变得非常困难，旧账难查、错账难清，从而加重了高校资金管理的风险。

4.4 智慧财务导致数据风险的加大

在大数据时代，网络安全问题变得越来越严重，因此，高校财务运行平台的安全性面临着巨大的挑战和威胁，同时还存在着一些不完善的安全保障措施，但是，高校财务系统的安全问题并没有引起人们的普遍关注，因此，在网络安全及其预警方面的人、财、物等资源的投资比较少。高校财务信息化平台是在一个开放的 TCP/IP 协议的条件下进行操作的，物理侵入、计算机病毒、信息泄露、电磁射频截获、窃取、假冒、非法使用以及拒绝服务等都会引起高校财务平台的安全问题。因为，高校财务系统一直坚持着保密性、一致性、安全性、系统性、机密性以及时效性等原则，所以，如果出现了内部滥用或外部入侵等问题，就会导致科研薪酬、学生缴费、基础建设、后勤服务、图书采购等领域的信息泄露或数据被损坏，造成的影响是不可估量的。

在高校合并、多校区建设之后，随着高校的不断扩张，以及网络技术的不断发展，构建起了校区间一体化的会计信息系统，这使得数据的处理效率得到了极大的提升，不同人员、部门之间的数据处理可以相互合作，信息共享不再局限于空间的范畴，但是这也对财务信息系统的安全性提出了严峻的挑战。一是由于我国企业财务报表数据在互联网上的公开传播，给恶意用户提供了获取财务报表数据的机会；二是由于电脑病毒的存在，使财务信息系统面临着很大的安全隐患。因此，对高校财务信息系统进行安全、可靠、高效的管理是当前财务信息系统升级的难点。

伴随着信息化建设的不断深入，大多数高校都是依靠财务软件来完成对财务数据的梳理，以及对日常业务的处理。为了确保财务数据的完整性和保密性，防止电脑病毒以及外部的破坏，部分高校使用了一种局域网互联的方法，也就是将服务器和工作电脑都放在同一个局域网中，并将其与互联网的连接完全切断。这样做在一定程度上增强了内部财务安全，但也导致了内部电脑系统所安装的抗病毒软件更新出现了局限性和延迟，进而导致对病毒防治能力的下降。为了保证财务信息的可靠性，高校财务部门安排了专门的人员对财务信息进行备份。这种工作表面上看起来很无聊，但实际上是保证电脑资讯系统安全的一个主要手段。虽然有专门的人员负责这项工作，但是，由于从数据备份安全的角度来看，需要对数据备份时间、数据完整性、数据准确性提出严格要求，并需要构建多种数据保存机制，因此，需要对数据备份时间、数据完整性、数据准确性提出严格的要求。

5 高校智慧财务建设的完善建议

5.1 制定统一的信息格式标准

高校的控制度不完善导致资金管理存在许多风险点。例如高校的资金收支管理、印章管理、票据管理以及门急诊住院的退款退费管理、特殊收入的缴纳管理等等，加之人员职责的不明确岗位流程的不规范、各项支出的审核不严谨，部分财务人员按照经验管理进行业务，简化各项流程单据，导致了高校资金管理制度松散风险高的情况。[12] 同时，信息化的高速发展带来了支付手段的多样化，原有的单一现金支付手段已逐渐丰富成为现金、银联、微信、支付宝、闪付、网上银行、小程序、二维码等多种支付途径，支付手段的多样化方便了患者的就诊，降低了假币的风险，但是也带来了更多的风险点。资金管理具有极强的时效性，需与时俱进，根据高校发展情况不断地完善和创新，避免高校资金管理的风险不断加大。

5.2 做好顶层设计，引领智慧财务建设

针对目前高校智慧财务建设没有与国家政策、学校财经工作发展

路径相结合，对财务信息化顶层设计进行扩展和延伸，也没有从工作理念和思维的双重转型入手，对财务信息系统的整合和财务管理流程的重构问题，要引起高校高层的关注。

要构建"智慧财务"是一项系统工程，它要求各方面的工作都要相互协作。要使项目的实施得以顺利进行，就必须在已有的基础上，建立一个专业的"智慧财务"项目领导小组。成立一个特别的团队，既能显示出高校对此的关注，又能让各个部门的领导之间交流更加顺畅。

构建智慧财务是一件需要多个部门共同参与的工作，因此，可以由校长担任总负责人，也就是一个领导小组的组长，由分管副校长担任副组长。工作组的领导是各个有关单位的"一把手"，他们分别是：党委办公室主任、人事办公室主任、信息中心主任、招生办公室主任、教学办公室主任、学生办公室主任、科研办公室主任、后勤办公室主任、财务办公室主任。特定的领导人士为团队的一员，该团队包括有关技术人士和财务部的系统管理员。

5.3 优化高校内控体系

随着财务信息化的发展，高校的内控领域和侧重点也发生改变，高校要继续遵循"不相容的职务相分离"的理念，根据高校财务信息体系的特征，适时地制定并健全相应的制度，以保证高校会计信息的安全性和完整性。在任何组织单位中，为了保证资金资产的安全，提高资金资产的使用效率，对各类物资的来源和使用进行明确，让各种制度在良好监督下有效进行，都会设置内控体系。在一个高校中，一个完善而高效的内部控制系统能够提高高校财务资料的可靠性，从而防止高校的财务造假和腐败，从而减少高校的财务风险；岗位执行流程不规范、岗位设置不合理或信息化建设落后，都会导致巨大的内控风险点，不完善的内控体系对组织的长期健康可持续发展非常不利。我们要做好如下工作。

5.3.1 从严设岗，实行责任划分

在财务信息系统中，因为电脑的自动化和效率，使得很多互不兼容的工作被整合起来，用电脑来完成，从而产生潜在的内生风险。要想加强系统的内部控制，一种较为行之有效的办法就是在网络财务系统中，对系统设计、系统操作、数据录入、数据审核、系统监控、系统维护等岗位进行分开设置，这些岗位之间相互联系、相互监督、相互牵制。在通常的情形下，对任何一种经济业务的整个流程，或在整个流程的某个关键环节，都要有两个部门或两个以上部门、两名或两名以上工作人员的分工，发挥着互相制约的作用。与此同时，还应该为每一笔交易建立一个多元的备份，在会计人员使用会计核算系统对账务进行处理的时候，它的操作和数据也被同步地记录在了监督人员的计算机中，由监督人员进行及时的备份，并进行定期地审核。会计信息和报表应以书面和纸质形式保存。

5.3.2 建立一套严密的财务资讯体系

在系统的软件中，必须设定操作人员的名称、权限、口令以及与之对应的数字签名。对于某些需要严密监控的动作，设置了"双口令"，仅在"双口令"同步就位的情况下，方可执行此动作。"双口令"是两名负责这一权利的人员，分别根据规则设定，并且不允许将此信息透露给任何人。只有在"双口令"经过"并钥"之后，才能进行对应的操作，才能使用。与此同时，要根据用户的使用权限，

对系统中的软件进行安装和更改,要对其进行严格的审核,以避免对其进行更改。

5.3.3　重视内部控制机制的改革

一是从资金管理、成本核算、审批等方面着手,加强对资金开支的管理;要按照有关法规,制定健全的资产管理体系,以保证资产的安全和完整。二是推动会计核算体系和会计报表体系的持续改进。高校根据自身发展,结合大数据技术、管理会计等运作机制,在大数据时代,促进其财务管理制度的稳定转型,提高其管理效果和管理质量等。与固定资产制度相联系,深入剖析目前的财务核算方式,提升财务核算的总体质量,增强对外投资核算的效果,在财务报告中也需增加预算的收支执行表和现金流量表等部分内容。

5.3.4　构建健全的内控人员培养体系

为了提升内控人员的资讯素质,让他们能主动地与新的财务工作方式及体制环境相配合,必须建立健全的培养体系。加强对内控人员的培训和教育,提高他们的业务水平,提高他们的信息处理、数据分析和风险预测能力。需要他具备基础的计算机操作能力、数据库管理能力、各种软件的应用能力等,并在管理和决策等方面,对自己的角色进行灵活转换,为高校财务管理体制的完善和制度的创新出谋划策,充分发挥自己的专业优势和作用。在大数据背景下,顺应了外部环境的变迁和高校自身的变革需求,在不同的原则下开展了系统的创新。构建以校长为核心的风险经营责任制,构建以总会计师、财务处长、二级单位负责人为核心的多层经营责任制,持续提高各级职工的风险防范能力,保证高校财务管理制度的实施。

5.4 建立高校财务风险监督机制

5.4.1 提高高校网络安全意识

当前，高校财务人员的安全意识较低，他们对网络安全缺乏足够的重视，他们的安全措施没有得到有效的执行，因此，要多层次、全方位地开展信息网络安全的宣传与训练工作，并加强对网络安全的监督与控制，从而切实提升使用者的网络安全意识与保护自己的能力。特别要注意防范口令外泄，防范不正当使用者利用虚假身份攻击网络，并且要做好电脑软件的安全检查工作。"智慧财务"是一个由财务信息和多个校内节点组成的复杂网络，给网络安全带来极大的挑战。在网络安全上，要强化对电脑病毒的预防，并对其进行及时的修复，同时要强化对电脑的监控[13]；在信息安全上，要做到及时进行数据的备份，对于以云端为基础的信息进行储存，推荐将财务内部的应用换成私人云，以避免信息外泄，并且要强化对用户的登录和身份认证。

5.4.2 加强信息技术防范以提高系统安全性

通过对服务器间传递的全部数据进行高效的保密钥匙技术，来解决在传递过程中发生的诸如被拦截等问题，以及避免被非法入侵人员盗取或被非授权人员越权操纵的问题；采用防火墙技术，实施更加全面的管理手段。将内联网与公共接入网（例如因特网）隔离开来，不仅可以防止内联网中的重要数据被盗窃和损坏，还可以对内联网中

69

与外部通信相关的状况进行实时记录；定期进行计算机病毒检查，做好杀毒，加强护理，动态预防。营造一个可以抵御系统内外一切干扰和威胁的安全环境，要做到对其开放，就对其进行分享，对其关闭，让其无可奈何。

5.4.3 完善信息风险评估和操作机制

高校的财务数据与科研管理、学生缴费、书籍购买等多个方面都有关系，因此它的特点是具有一定的个性化。在安全管理的基础上，高校应该在采集、转换、传输、加载、统计、处理、分析以及可视化等方面，建立起严谨的操作流程和责任制度，设计好数据备份制度，健全数据安全的内部控制制度，提高内部控制效率。具体地说，在广泛收集资料、全面分析的基础上，高校要对信息风险展开评价，将高校所面对的主要风险进行整理，并提出相应的对策，建立一个系统的内部控制制度。经过对业务过程授权的整理，构建起全面的业务层次，规范化的授权架构。为各业务过程构建一个风险管控模型，并确定一个授权规范，对重要事项的四种授权进行了清晰的定义，即发起、审核、审批和备案。企业的内控制度是企业进行信息化、规范化、科学化管理的基础。健全财务信息系统和网络安全的管理方法，以提升高校财务信息化和网络安全的管理。为了避免因网络攻击和系统缺陷而导致的数据损失等问题，需要建立健全的网络信息保护体系。设定内部网络和外部网络的管理员，并对他们的数据进行管理。会计人员设定会计资讯系统的登录口令，并对口令进行维护和更新。要制订出一套安全的紧急情况下的应对方案，如网络设备失效、业务系统失效等。构建健全的财务信息化系统的维修管理机制，做好数据备份，并装备兼容设备等工作，减少设备故障对业务系统运行的影响。

5.4.4　健全的安全监管体系

体制的活力来自其实施。要把学校财政管理体制的优越性转变为有效的控制，还需要进一步完善执行体制和机制。还需要对制度在贯彻执行中的行为绩效进行有效的监管，提升执行性制度的执行力，从而实现高校财务管理体制的现代化。一是弥补体制缺陷的实际需求。在完善我国高校财政体制的同时，应将变革和创新的精神融入高校财政体制中，从而推动高校财政体制实施效率的提高。要抓紧研究建立相关的管理体制。要明晰哪些管理体制要强化对其进行监督与约束，才能更好地发挥其功能。建立新的执法体制，健全执法体制，推动执法体制的执法能力不断提高，从而对执法体制的缺陷进行有效的弥补。二是实行科学的系统管理，从而实现高校财务的信息化。依据制度管理的理念，实行以细致和严谨为目标的制度化管理，是在大数据环境下，高校财务管理平稳发展的必要前提，也是高校制度监管体制改革的必然选择。为了保证强制系统能够正常运作，需要制定其他的系统或规章来约束系统的实施。同时，重视发挥制度的"热炉效应"，以构建高校文化，培育法治精神，构建制度要素链接机制，使各方都能够自觉遵循制度，提高制度的实施水平。三是要形成一种互相督促、实行奖励与惩罚的风气，对于那些能够遵守学校各项规定的人，要给予一定的奖励，而对于那些违反规定的人，则要给予一定的惩罚，以创造一种良好的制度环境。

此外，高校应该构建出一套与财务信息化平台相关的风险评估与预警机制，以管理安全、硬件安全、软件安全、信息安全与财务环境等层次为基础，构建出一套预警指标体系。利用真实数据与预警指标的实时对比，来确定信息化的风险等级，并实施财务安全响应策略。

6 小　　结

在"大智移云"的大背景下，大数据、云计算、物联网、人工智能、互联网等新兴信息技术已经开始在会计领域得到广泛的运用，这将极大地改变今后高校的财务部工作流程、信息系统以及整个运营方式。在 2021 年 12 月财政部印发的《会计信息化发展规划（2021—2025 年)》中可以看到，未来的会计工作将向智能化、自动化和智能化方向发展。智慧化建设能够为学校管理者的分析、决策、评价等工作提供即时且完整的信息。此外，通过智慧化的方式，还能够保证高校内部控制系统的高效执行。为使我国高校的财务智慧化达到一个新的高度，需要对会计工作进行数字化改造，以提升其在会计信息中的价值。今后，还需继续探讨更多财务领域的创新运用，以促进高校的发展。从信息化走向智能化是我国高等学校财务工作今后发展的方向。一个健全的、智能的、以强化内控为主要方法的财务智慧化体系，其服务的目标是大学内外有关的信息需要方。其中，包括了成熟的预算、核算和决算资金的一体化管理，以及财务信息的智能安全管理体系；同时，还需要具备一定的业务知识和信息技术知识，具备一定的专业知识和技能的复合型会计信息管理人员。伴随着技术的革新与驱动，越来越多的智能化和人性化的财务管理工作，要求持续地探索出更多的财务智慧化建设的创新途径，以此来充分地将财务数据的价值创造力充分地释放出来，让财务部门的服务管理效率得到切实地提高，为实施高校战略目标，提供必不可少的财务支持。

参 考 文 献

［1］冯佳慧. 高校财务智能化管理创新实践探究［J］. 西部财会，2023（1）：31 - 33.

［2］陈菁，胡鹏. 智慧财务引领下的高校财务信息化建设创新路径［J］. 商业会计，2022（23）：106 - 108.

［3］王念，高媛. 大数据背景下高校智慧财务建设方法初探［J］. 财会学习，2022（31）：8 - 10.

［4］陈玉萍. 人工智能背景下高校智慧财务管理模式的创新与完善研究［J］. 中国信息化，2022（10）：75 - 77.

［5］孙百原，张小慧，于超. 基于智慧财务的高校财务内部控制建设［J］. 绿色财会，2022（8）：37 - 39.

［6］詹必杰，林丹，杨可军. 基于智慧财务的高校财务内部控制优化［J］. 财会月刊，2022（13）：125 - 131.

［7］李洋，何爱群. 后疫情时代智慧财务在高校的应用研究［J］. 商业会计，2021（1）：111 - 113.

［8］阳叶萍. 大数据背景下高校智慧财务建设雏议［J］. 中国产经，2020（21）：75 - 76.

［9］韩正民. 高校"智慧财务"建设路径研究［J］. 环渤海经济瞭望，2020（8）：18 - 19.

［10］张杨. 浅谈高校实现"智慧财务"之路［J］. 会计师，2020（9）：75 - 76.

［11］高媛慧. 智慧校园下高校财务信息化建设探究［J］. 西部财会，2020（4）：42 - 44.

［12］谢秋玲，崔斌，张珊，刘天真. 智慧校园视角下高校财务

管理信息化顶层设计研究［J］.青岛科技大学学报（社会科学版），2019，35（4）：58－62.

　　［13］张阳.人工智能时代高校"智慧财务"服务模式创新研究［J］.财会学习，2018（19）：43，45.

第3部分 "智慧+区块链财务"

1 导　　论

随着信息化技术发展，会计信息逐渐实现电子化，会计业务处理不再依赖于传统方式。确保会计工作的顺利进行，需要对数据的真实性和准确性提出极高的要求，这是会计确认工作的基础所在。会计信息质量的优劣直接关系到企业发展和国家经济安全，所以必须加大会计确认的力度，保证信息准确完整。目前，由于信息的不对称性，获取外部信息时存在一定程度的不准确性，同时在手动录入和核对数据时也可能出现错误的估计。

2　智慧区块链概述

2.1　概　　念

区块链就是由一个接着一个的链条组成的，若干信息各自储存于按生产时间次序用链条相连的上述区块。该字符串将保存到所有服务器。只要系统整体运行一台服务器，区块链整体就会处于安全状态。这些服务器在区块链系统中被称作节点。对整个区块链系统的存储空这个字符串会被保存在所有服务器中。只要整个系统只有一个服务器在工作，那么整个区块链都是安全的。这些服务器被区块链系统称为节点。为区块链系统整体提供存储空间和计算支持。修改区块链中的消息需要获得一半以上节点同意并修改全部节点消息，以及计算支持。修改区块链中的消息需要获得一半以上节点同意并修改全部节点消息。[1]这些节点一般都是掌握于不同的主体之手。所以很难操控区块链中的消息。区块链相对于传统网络有两大特点。基于以上两大特点，在区块链中所记载的信息更符合实际和可靠性，帮助解决了人与人之间的不信任。例如，如果某个人不遵守合约或欺诈的话，那么他将无法使用区块链来证明自己是否违反了协议；如果一个账户需要向其他账户转账，而其他账户却没有收到付款，那么该账户就可能成为恶意账户。此外，区块链可以用来保证交易双方对信息有更多的控制权。一是让大家了解你在干什么；二是区块链可以确保数据不被泄露和丢失，这是因为任何错误的东西都会造成用户删除和修改数据。基于上述两个特征，区块链是一个理想的分布式账本（见图 3 - 1）。

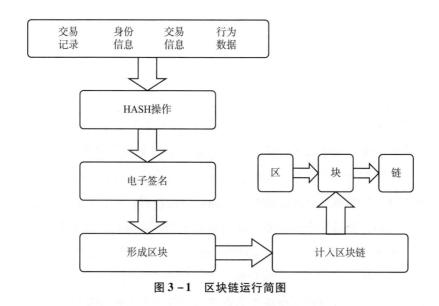

图 3 - 1　区块链运行简图

区块链技术是将交易信息、交易记录、身份信息、行为数据等通过 HASH 操作，进行整理电子签名，形成区块，计入区块链数据中。区块链的实际基本原理又分为"交易""区块""链"。交易（transaction）：一次对账本的操作，导致账本状态的一次改变，如添加一条转账记录；区块（block）：记录一段时间内发生的所有交易和状态结果等，是对当前账本状态的一次共识；链（chain）：由区块按照发生顺序串联而成，是整个账本状态变化的日志记录。

2.2 区块链的诞生

区块链是在比特币的基础上应运而生的。2008 年 11 月 1 日，一位名为中本聪的人发表了一篇题为《比特币：一种点对点的电子现金系统》的文章。[2]A（电子现金系统）是 P 网络加密，是基于 P 的电子货币系统的一种建设概念，或者说是时间戳、区块链等，这就标志着比特币诞生了。并通过互联网进行传输和处理。经过两个月的实践，理论转化为现实，首个创造世界的区块链得以诞生，标志着编号为 0。2009 年 1 月 3 日的区块 0 正式形成，这就是区块链的前身。数日后，区块于 2009 年 1 月 9 日首次亮相，并与 0 号区块的来源紧密相连，从而形成了区块链的形态。在过去的 24 个月中，许多企业已经开始探索运用区块链技术来管理其数据，并创造全新的商业模式。但在区块链上进行交易也面临着许多风险：例如，如果交易发生时，该公司没有获得足够多的资金或其他必要的授权，那么它就有可能失败。例如，如果某个人不遵守合约或欺诈的话，那么他将无法使用区块链来证明自己是否违反了协议；如果一个账户需要向其他账户转账，而其他账户却没有收到付款，那么该账户就可能成为恶意账户。此外，区块链可以用来保证交易双方对信息有更多的控制权。

2.3 区块链的类型

区块链的三种类型：区块链按中心化程度划分为三大部署方式（见图 3 - 2）。这几种形式可表现为公有链、联盟链、私有链。公有链是面向全体大众的，谁能将信息保存到公有链中并记录交易情况，能源消耗增加使得它变得低效，与之形成鲜明对比，私有链在性质上具有集中化的特点，进而由中心控制者来确定参与者更加有效率和能耗。这个区块链的对象主要是各类组织。由于每个组织独立运作，因此适合在组织之间放置。

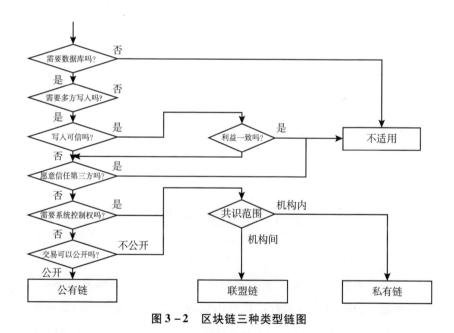

图 3 - 2 区块链三种类型链图

（1）公有链：在全球范围内，无论是个人还是机构，都有可能进行交易并在区块链上得到有效确认，同时也存在着参与协议过程的可能性。在这个数字背后，是比特币的价格不断上涨以及人们对它的喜爱之情。公有区块链的历史可以追溯到最早的时期，其应用领域也是最为广泛的。它包括所有使用数字货币的公司及其分支机构。所有领先的虚拟数字货币系列皆以开放的区块链为基础，比特币也不例外。在比特币诞生之前，区块链只是在某些特定领域里被用作一种安全工具。在全球范围内，只有一种区块链技术能够为该货币提供可靠支撑。

（2）联盟链：该区块链处于公有链和私有链之间，跨越多个组织，是一种高度复杂的区块链技术。区块链就是将数据保存在一个公共账本上的技术，通过加密、共识等方式进行处理。言下之意，联盟链是由多个组织联合管理的多个私有链所构成的聚合体系。在该技术方案下，所有的组织都可以被看作是一种分布式的资源，而不是独立于某个特定企业或者机构。系统中的各个节点由不同的组织进行数据的读写和传输，这些组织负责管理它们。

（3）私有链：会计总账技术只是利用了区块链账本技术，也就是具有区块链写入授权的企业或者个人。这条链与其他分布式存储系统没有太大的区别。传统金融希望在私有区块链、公共渠道上试水，例如比特币已实现工业化，而私有渠道应用产品仍在摸索之中。

2.4 发展历程

（1）技术实验阶段（2007～2009年）。比特币创始人中本聪自2007年起，就一直在探索打造比特币这种具有一系列科技的新货币。他于2008年10月31日向bitcoin发布白皮书。比特币系统于2009年1月3日投入使用。[3]支持比特币系统发展的技术有哈希函数，分布式账本，区块链，非对称加密以及工作量证明等，它们会形成区块链最初版本。从 2007 ~ 2009 年，bitcoin 一直处于技术试验阶段，其中只有极少数人参与其中，相关的业务活动还没有正式展开。

（2）极客小众阶段（2010 ~ 2012 年）。2010 年 2 月 6 日，第一个比特币交易所诞生。5 月 22 日，有人购买了两块披萨使用了 10 000 比特币进行付款。2010 年 7 月 17 日，著名的比特币交易所 mt. gox 成功创建。这表明了比特币真正进入了市场。简单地说，既然能够了解比特币，那么要想参与比特币购买和销售，就会有更多的互联网技术狂热爱好者入市。他们通过 bitcointalk. org 论坛探讨比特币技术并通过 mt. gox 购买或出售比特币以获取比特币，并利用其计算机进行挖矿。短短 4 年过去了，其中一些技术极客已经成为亿万富翁，区块链传奇人物。危险初现：2010 年未知黑客对比特币发动攻击，避开系统检查，打破比特币总量一定的限制，凭空创造出 1 844. 67 亿个比特币。针对这一窘迫局面，创始人中岛聪被迫准备对比特币进行第一次硬分叉，但是最后以失败告终。

（3）市场酝酿阶段（2013 ~ 2015 年）。2013 年初，比特币初始价格为 13 美元。3 月 18 日金融危机爆发后，塞浦路斯政府封闭银行及股票市场，比特币价格在 4 月涨到 266 美元。德国政府于 8 月 20 日证实比特币货币地位。10 月 14 日，中国百度宣布启动比特币支付业务。11 月份，美国参议院举行听证会，澄清比特币合法性。11 月 19 日，比特币达到了 $1，242 的新价格！此时新的问题出现了，比特币社区内部针对区块的大小问题产生了争议："发展还是安全"，一部分人认为更大的区块可以提高交易速度和扩展性，吸引更多人加入从而带来新的机遇，甚至有可能带动虚拟货币行业的发展；另一部分人认为目前的区块大小已经足够，扩大区块会带来发展，但同样会带来新的危险，目前的区块大小给他们带来"稳定的安全感"。为解决这一分歧，比特币进行了一次重要的分叉事件，比特币现金在采用了更大的区块后诞生。然而现阶段区块链步入主导社会经济领域基础还不够成熟,其价格暴涨也隐含着过分乐观的期待。期待背后却暗含着巨大隐患,mt. gox 一度是世界上最大的比特币交易所,如火如荼的背后是严重的管理问题:不完善的审批流程、不完整的账户管理、不安全的交易系统,再一次给黑客以可乘之机。2014 年 2 月,mt. gox 在声称丢失了价值约为 44 亿美元的 85 万枚比特币后提交破产申请。这次事件不仅造成比特币市场低迷并且几乎导致整个虚拟货币行业信用破产。中国银行系统的关闭和 mt. gox 的崩溃等成为导火索,形成了大熊市。比特币的价格继续走低,在 2015 年初曾一度跌至不到 200 美元。尽管许多公司破产了,但是寒冬里存活的公司更是数不胜数。不管怎样,现在一般人已经开始理解比特币和区块链了,虽然还没有得到普遍的认同。

(4)进入主流阶段(2016~2018 年)。2016 年 6 月 23 日英国脱欧、2016 年 9 月朝鲜进行第五次核试验、2016 年 11 月 9 日特朗普就任美国总统等,[4]造成世界经济整体的不确定性加剧。比特币具有安全避难所的功能,因此与主要经济体具有替代性关系,比特币市场开始复苏,市场需求增加,交易规模快速增长,开启了 2016~2017 年牛市。中国市场受政策限制严重,但是韩国、日本和拉美市场快速复苏,比特币价格由 2016 年初的高峰 400 美元涨至 2017 年末的 2 万美元,涨幅为 50 倍。比特币发展迅猛,吸引了更多人加入,人增多的同时比特币社区内部分歧也增多了。为解决分歧,自 2017 年起,比特币进行了一系列重要的分叉。2017 年,比特币进行了此阶段的第一次分叉,诱发本次分叉的问题集中在区块大小以及相关协议规则是否要进行变化。为满足想在更大区块活动的用户需求,比特币现金在原有的基础上进行分叉,分裂成比特币现金 ABC 和比特币现金 SV。同年,比特币进行了第二次分叉,在比特币的挖矿算法进行了变化后,比特币黄金诞生,使其更加民主化和去中心化。2018 年,为了更高的隐私性和交易速度,比特币引入比特币区块链,在进行一系列改进后，比特币钻石诞生。受比特币网络拥挤、比特币浓缩效应、交易速度等因素影响，导致其他虚拟货币以及各类区块链应用大量涌现以百倍、千倍乃至上百万倍区块链资产的涌现，在全球范围内掀起了一场疯狂搜索热潮。让比特币与区块链全面进入全球视野。比特币期货上市标志着比特币已经正式跻身各大投资产品类别。

（5）产业升级阶段（约 2019 ~ 2024 年）。经过市场狂欢后，2018 年虚拟货币与区块链从市场，监管与认知上做出调整并回归理性。虽然大部分区块链产品随着市场冷却而消失，但少数产品依然在区块链市场继续前行。2019 年，一些项目率先落地，但能否通过市场测试还需要几年时间。这个阶段，企业产品变化快，行业变化快，加密货币的应用也越来越广。2023 年被称为比特币挖矿行业的复苏年，比特币在 FTX 帝国崩溃引发的市场崩盘后以接近 17 000 美元的价格跨入了 2023 年。

（6）产业成熟阶段（约 2025 ~ 2027 年）。各种区块链项目实施成功后，在竞争和整合阶段，几个主要部门将会有重大的经济理论调整，几年内将会形成影响深远的龙头行业，有关于区块链的产业也将逐步形成，相关的法律法规也在不断地改善健全。更多的人认可加密货币。随着国际政治，经济关系的重大调整，区块链对世界各国人民生活都将产生广泛和深远的影响。

这六个步骤在区块链开发中的应用，可以进一步简化流程。从理论研究到应用实践，都是由简单逐渐走向复杂的过程，也就是要不断地积累经验。前两个发展阶段可被视为技术实验的探索阶段，中间阶段则是主要的认知阶段，而最后两个发展阶段则是产业实现的关键时期。因此，在应用方面也存在很多问题，如区块链所具有的去中心化、不可篡改等特点，使得其在安全上存在着很大的风险。在我们所处的时代，尽管我们拥有广泛的社会知识，但我们的学识却过于渊博，难以涵盖所有领域。区块链是一个很好的机会，它可以帮助人们更好地理解世界，更有效地利用资源，并在此基础上创造出新的生产力。推动区块链知识的深入研究和广泛传播，为该行业的蓬勃发展和成熟奠定坚实基础。在这个意义上说，区块链技术是推动未来世界走向更美好的一个重要引擎。无论如何，全球经济已经充分认识到区块链所带来的巨大价值，而改善全球政治和社会生态的价值也正在逐步显现。向前迈进，是一股新的社会经济力量，值得全球各国大力注资。

2.5 区块链的系统架构

区块链系统的体系结构由六个层次构成，这六个层次自下而上依次是数据层、网络层、共识层、激励层、合约层和应用层（见图 3 - 3）。

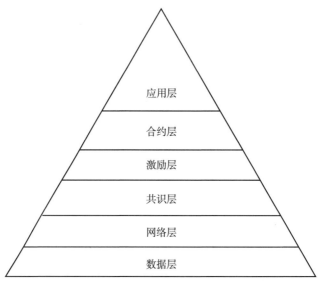

图 3 - 3 区块链系统架构

数据层：底层基础信息包括数据块、链式结构、加密机制以及时间戳等，这些信息构成了文章的重要组成部分。

网络层：P2P 组网机制、数据传播机制和数据验证机制等，为网络层提供了一种利用数据传播机制自动广播交易信息、验证交易有效性的解决方案。

共识层：区块链的核心技术层，涵盖了各种共识算法，这些算法在网络节点中得到了广泛应用。共识算法是实现智能合约的关键技术之一。这些共识算法在一定程度上解决了分布式账本系统中由于节点数量众多而带来的问题，但同时也存在一些不足。在交易过程中，网络中的所有节点都达成了共识，彼此竞争，最终最先得出结论的节点会进行记账。

激励层：主要涵盖了经济激励的发行和分配机制等方面；各节点通过共识算法竞争记账，对最先求出答案的节点和遵守规则的节点给予相应激励，对不守规则的节点给予相应惩罚。激励机制不仅可以调动各节点竞争记账的积极性，还能保证整个系统的良性发展。

合约层：它覆盖各种脚本代码，算法机制和智能合约等内容，并提供全方位信息支撑，为区块链编程成功执行提供保障。

应用层：区块链的应用场景和案例多种多样，涵盖了广泛的领域和场景。目前，金融、医疗、房地产、能源等行业都已经广泛开始应用区块链技术，会计行业也开始探索利用区块链技术来推进财务改革。

2.6　区块链的特征

区块链作为一种流行的数据库管理技术，它以其特有的去中心化、开放性、独立性、安全性和匿名性等特点脱颖而出。

2.6.1 去中心化

区块链和传统中心化系统最大的不同在于去中心化。在传统中心化系统中，所有数据都存储在中心服务器中，只要该服务器出现任何问题，整个系统就会瘫痪。在网络中，数据被分散地储存在各个节点之间，形成了一种分散的区块链结构，每个节点都可以对新的交易信息进行验证和记录。这样一来，就避免了单点故障的问题，使得区块链网络更加稳定和安全。

区块链采用分布式架构将网络中的节点连接在一起，并通过共识机制来保证节点之间的正确性和一致性。共识机制使得区块链网络变得去中心化，比特币的 Proof-of-Work（PoW）和以太坊的 Proof-of-Stake（PoS）就是两种常见的共识机制。

解决容错性问题是去中心化系统的首要任务，因为它依赖于多个独立组件的协同作用，即使出现局部故障，其容错能力也能得到有效提升，从而确保系统的稳定运行。

其次，相较于中心化系统，攻击破坏去中心化系统所需的成本更高，因为它具有更强的抵御攻击性。然后是安全性，去中心化的网络具有更强的抵御攻击能力。攻击中心的存在会导致整个系统的瘫痪，而去中心化的系统则不会受到任何节点的攻击影响，去中心化的系统对攻击者的防御要比中心化系统更全面一些。从经济角度看，这是对一处住宅和一片乡村的掠夺之间的显著差异。

那些参与去中心化系统的人，由于其抗勾结性的特点，彼此之间的勾结变得异常困难。在这样的网络环境中，每个人都有自己的身份，并且拥有不同的权利与义务，因此也就没有了组织结构上的界限。每个节点均为平行结构，不存在上下、主从的层级关系，彼此之间平等对待。因此，如果有了分布式网络环境下的组织结构，那么每个人就可以独立地管理自己所拥有的资源。

区块链的去中心化机制是如何实现的？分布式网络、加密算法和共识机制是区块链技术的核心所在，它们共同构成了区块链技术的基石。

从互联网上看，区块链就是一个公共账本，基于大家的电脑，把各个区块的信息记录下来，公开透明，谁都能参加记账、核账。交易完成后，所有交易均记入账本中，每一块账本也一样。

在这里，传统信任机制被简化，不需要依靠具有极强公信力的第三方来提供保证。同时，由于信任是建立在对彼此信息了解的基础上，所以也能提高交易成功率。尽管在过去，不认识、不信任的双方难以取得合作，但是根据区块链技术独有的特点，甚至不需要任何中介机构参与进来，双方仍然能够建立互信和协作的关系。

由于区块链所采用的加密技术基于密码学，因此篡改账本所涉及的信息是一项极具挑战性的任务。从理论研究到应用实践，都是由简单逐渐走向复杂的过程，也就是要不断地积累经验。即便你已经突破了加密技术的限制，篡改自己的账本也是毫无意义的，因为区块链会自动同步到全球所有人的账本上，这种行为无异于一种欺骗行为。如果有人想去盗取别人的账本，那他只能通过解密来获取对方的信息，而无法做到从世界范围内窃取别人的账本。这对于企业来说无疑是一种福音。

去中心化的优势：

（1）确保系统的安全性。因此，为了防止被黑客攻击，需要构建具有身份认证功能的安全体系，将用户信息与身份绑定起来。传统中心化网络系统一旦黑客对某一核心节点进行攻击，全网将受到毁灭性损害。去中心化区块链网络缺少可攻性中心节点，从而增加了安全性[5]。

（2）确保系统的安全性。一种去中心化的交易方式，以点对点的方式实现，避免了第三方的干预，同时也避免了信息泄露的风险。

（3）节约性。在进行大规模交易时，采用去中心化处理方式可以有效地减少资源消耗，因为它比传统处理方式更加简便和高效。

（4）自主的高效性。立足自主、高效运行。采用去中心化区块链技术在不需要第三方干预的情况下实现点到点的直接互动，进而构造出一个高效的无中心化代理系统，这为实现大范围信息交互方式提供了一种可能性。

去中心化，的确是个趋势，不仅仅是因为区块链的存在——没有区块链的存在，去中心化的趋势依然存在。

对于去中心化这一概念，我们需要明确定义：它并不意味着所有的中心都会消失，因为那样的世界注定不会存在。在我们看来，去中心化的核心在于，去中心化之后，中心不再只是一个概念和符号。随着去中心化的推进，过去最大的中心逐渐失去了昔日的辉煌，随之而来的是无数个微小的中心的涌现……这些中心仍然存在，只是相对地被削弱了。

在未来，网络的中心化、半中心化、去中心化和完全去中心化将相互融合，各自发挥最大的优势，为社会和人类提供服务。区块链技术是未来互联网发展中最重要的创新之一，它将对我们的工作和生活产生巨大而深远的影响。将都市微生活区块链进行开发，为企业开启"区块链＋时代的大门"。

2.6.2　开放性

除了去中心化之外，区块链的开放性也是一项重要的特性，它为去中心化提供了保障。在去中心化的网络结构中，所有的节点在网络中都享有同等的地位和权利，每个人都可以对信息进行读取和写入，数据也透明可见。区块链系统实现了高度透明化，所有人都享有自由加入并获取所有信息的权利，唯一的私有信息则被加密。

区块链的开放性体现在三个方面，首先，是账目的公开性，即所有历史交易记录均向公众开放；其次，Token 的持有者皆为币东，这是由于其组织结构的开放性所致；最后，是技术的开放性，包括了去中心化、匿名化和共识机制等内容。第三个方面涉及生态系统的开放性。

（1）账目的开放性。不同于传统数据库，区块链是分布式记账，全部历史记录都向外开放，人人都可以查询、核查，由此带来类似数据浏览器、数据分析等商机。

账本作为一种记录账目的工具，经历了漫长的进化过程，从最初的流水账到后来商业的繁荣，再到公司的出现，才让记账方法变得更加复杂。

当企业规模较小时，如个人企业、合伙企业等，账本就是企业最隐秘的财产，只有最高管理层、企业所有者才能看到。然而随着上市公司时代的到来，企业的财务报告已经向公众公开，并接受第三方审计。

由于企业已经不再是某一特定个体所独有，而是广泛存在于大众之中，因此所有利益相关者都必须了解公司的财务信息，这也就导致了财务账目必须对外公开。随着大数据时代的到来，人们开始将更多的注意力放在了如何在公司中实现共享，而不去关注公司的财务问题上，这就使得账本公开变得非常有必要。随着越来越紧密的大规模协作，账本公开的程度将逐渐提高，这已成为未来的趋势所在。

随着账户体系改革的推进和 TOKEN 经济的发展，区块链分布式记账是颠覆性记账方式之一，将为商业生态带来范式革命，最终催生出崭新的伟大商业文明。

（2）组织结构的开放性。从历史经验来看，公司制度每次演变都与公司组织结构开放相对应，即利益相关者人数规模扩大。

举个例子，最初的个体经营者，其股东仅有一人，所以，它的管理权与收益权都集中在一个人的手中；后来出现股份制，股权分散了，所有权也不一定是所有人拥有，而是由少数人拥有，所以管理权才会很复杂，收益权更多。随着时间的推移，出现了一种名为合伙企业的组织形式，例如由 10 个人组成的合伙，其管理权逐渐变得更加复杂，收益权也逐渐分散化，最终由 10 个人共同分享收益。

随着时间的推移，有限责任公司和股份公司涌现，管理权的行使变得更加错综复杂，同时也出现了一种代理权力，即股东将权力委托给管理层，但收益仍由全体股东共享，此时股东数量可达 200 人，而收益也由这 200 人共同分享。

随着时间的推移，上市公司的管理权变得更加复杂，CEO、董事会和股东大会的存在让人难以确定公司的决策权归属。但是，随着股东数量的不断增加，公司的规模也在不断扩大，甚至有 10 万人的股东参与其中，这已成为一种普遍现象。

这一趋势的背后所蕴含的意义是何等深远？随着时代的变迁，越来越多的普通民众得以摆脱公司的束缚，直接参与公司的收益分配之中。

随着时间的推移，以股票形式呈现的公司利益相关者数量已经扩大到了数以万计的规模，那么现在则是把这些利益相关者扩展到了数以万计。通过采用 Token 或持币形式，公司可以将其利益相关者的规模扩大至更高的数量级，以进一步扩大其业务范围。

当该公司的 IPO 股东人数超过 200 人时，其规模逐渐扩大，但随之而来的是质的飞跃，因此我们将该公司归类为上市公司。因为在我国，目前上市的公司大多都不是上市公司，而是非上市公司。相较于未公开上市的企业，它的制度已经发生了翻天覆地的变化，例如实行定期报告机制、接受证监会的监管、对公众承担责任等。

随着上市公司的利益相关者数量级不断攀升，更多引人入胜的事件发生了，这使得公司不再仅仅是上市公司，而是整个底层的经济逻辑开始呈现出一种开放的状态，或者说被称为开源经济。

（3）生态的开放性。公开账目和公开组织架构是最基本的要素，最终目标是构建一个开放生态系统。在这个生态里面，企业之间的竞争变得越来越激烈，企业和客户的关系也逐渐变成了一种互利合作关系，这就要求企业不断地进行创新。在这个生态系统中，价值的传递变得越来越容易，成本逐渐降低，而且效率也越来越高，正如当年在信息化社会中传播信息那样，费用在逐步下降，但是效率越来越高了。

以太坊为例，伴随着它的成长与壮大，各种 ERC20 代币层出不穷，它们底层协议一致，彼此转账之快令人咋舌。伴随着 ERC20 代币种的增多，以太坊网络效应不断提升，进而促使以太坊生态变得越来越丰富与完备。随着基于太坊公链的 DAPP 及应用越来越多，终于形成巨大的操作系统，使价值在 Token 间传递的效率越来越高。

时至今日，尽管公链之争仍未尘埃落定，但 EOS 及其他公链的兴起、跨链的兴起，以及以太尽管公链之争仍未尘埃落定，然而 EOS 及其他公链的兴起、跨链的兴起，以及以太坊自身所面临的共识机制转换、分片技术不成熟等问题，使得公链在未来漫长的一段时间内仍将面临激烈的竞争，而基于公链的生态建设则需要更长的时间才能实现。

尽管胜负未定，实现时间亦未知，但随着资产交易成本的不断降低，这一趋势犹如一股旋涡，吸引了大量资产形成区块链，逐渐在区块链领域形成了巨大的价值生态。

未来，区块链将孕育出一款开源的操作系统，它将成为一个巨大的价值转移平台，所有人都有机会贡献自己的力量，而且无须事先获得授权。我们希望区块链产业能成为一个新的商业模式，让更多人参与其中，共同推动社会进步、经济发展和人类生活方式的改变。

区块链的本质在于，其创新过程不受任何审批或计划的限制。从这个意义上讲，创新就像一个人，他必须有自己的思想、方法，而不是别人对你的评价。所谓 Permissionless Innovation。区块链技术本身并不是一种全新的商业模式，它只是为解决信息不对称而提出来的新方法。在开放的体系中，唯才是举、论功行赏。从长远角度来看，开放兼容价格亲民的系统，最终将导致那些价格昂贵但不兼容的封闭系统被边缘化。

当开源的生态系统形成时，其最大的优势在于其能够提供无须授权的创新性。在传统的企业领域，推动创新的方式是自上而下的，需要经过提案、方案制订、审批、拨款和团队组建等多个环节，方可启动项目。如果没有人提出建议或者批准，创新也就无从谈起。随着企业规模的扩大，创新的难度不断增加，因此，时常有大型企业被其他小型企业所超越，从而导致大型企业突然破产。

不过从区块链的角度来看，创新并不需要得到什么许可或授权。各项目的编码都是开源的，你可自主研发新产品、新功能供市场选用。另外也可交由公益性质基金会处理。极端地，你也可以执行项目分支和增加你需要的特性。

通常情况下，卓越的创新能够及时获得市场的认可，并最终由市场自主决策。

当然分叉范围只限于公链，由于一般只对公链项目进行开源，所以大家基于开源对共建生态项目起到了促进作用，最终生态系统将不断扩大，网络效应也将不断增强。那些私有链，例如摩根发的摩根币，在提升效率方面发挥了巨大作用，而非一次颠覆性的出现。

2.6.3 独立性

区块链所采用的规范和协议是基于各方在协商过程中达成一致的结果，不需要第三方或人为的干预。在基于去中心化的特征上，区块链的运行和储存节点各自独立，不同于传统记账凭证下的储存模式，在一个节点出现故障或者损坏时便会造成全体瘫痪的情况，区块链的各个节点独立于其他节点。在其中一个节点出现问题时，其他节点仍旧可以使用。

从另一个角度来讲述区块链的独立性，区块链的技术系统在协调一致的规范性基础上，每个节点都具备独立于其他管理机构和硬件设施的信息存储、验证和传递能力，实现了信息的高效利用，而不依赖于其他因素的人为干预等。

2.6.4 安全性

在传统模式下的数据储存系统往往会出现因为各种原因私自对数据进行篡改，导致后来的数据使用者使用错误或者不全面的数据，从而产生错误的结果。这对数据使用者以及报告使用者存在较大的隐患。在区块链模式下，数据具有"防篡改"的特性，也就是说，数据或者交易在全网范围内进行认证并且加入区块链当中，就会很难被修改或者删除。

在去中心化的特征下，每个节点均持有一份数据库的副本以供参考，区块链系统会自动信任 50% 以上的节点，也就是说，系统会默认大多数节点的数据副本为正确的副本。假设某个节点怀有恶意的目的，对自己这个节点的数据进行了篡改。此时由于其他节点均拥有一份数据副本，而区块链系统始终会默认大多数节点（超过50%）的副本为正确的副本，因此这个恶意节点将无法得逞。

假如该恶意者想要成功篡改数据，那么他需要控制全网络50%以上的节点。当区块链网络的节点有数十万、上百万个的时候，控制超过50%的节点所需要的成本非常巨大，以至于现实中将几乎不可能实现。这就是区块链数据"不可篡改"的技术原理。

2.6.5　匿名性

匿名性指当没有相关法律规定时，区块内各节点身份信息不需要被披露和认证，信息传递能够以匿名的方式实现。通过使用智能合约实现对区块链上各节点之间交易数据的处理和控制，从而完成了对交易流程的自动化执行，避免了传统交易过程中因人为操作带来的风险问题。采用密码学隐私保护机制使区块链可以对交易人隐私信息进行不同应用场景的保护，保证交易时交易者身份不外泄，交易人身份及交易细节不受第三方及无关方偷窥。

区块链节点上的用户通过使用"私钥"进行交易，不依赖于其他节点身份来判断交易有效性，保护用户隐私和安全。通过运用密码学中的隐私保护机制以及区块链技术，我们能够有效地解决节点之间的信任度问题。在数据交互活动中，区块链上的程序规则会根据节点间交换的固定算法自适应地评估其有效性，因此链上数据存储与交互可在不记名、不以地址或个人身份为基础的条件下完成。不需要公开身份就能使对方相信自己，有利于信用积累。

2.7 区块链的国内外研究

2.7.1 国外研究

区块链已成为多国战略的重要组成部分，导致加密货币政策在两个层面上出现了明显的分化。随着时间的推移，区块链领域的支出规模不断扩大，而银行业则在支出方面处于领先地位。区块链作为一项革命性的信息技术已经渗透到金融领域多个环节，并产生了巨大影响。从应用角度来看，当前区块链技术已经广泛用于多个领域，如医疗健康、教育培训、电子商务、政府监管等，并已取得显著成效。尽管区块链技术在数量上处于领先地位，且其主要聚焦于加密数字货币、钱包、存证溯源等应用层，但在关键底层技术研究方面却显得滞后，因而其整体价值并未显著凸显。尽管美国在区块链领域的技术数量相对滞后，但其仍是当前区块链最新技术理念和解决方案的主要先锋，为构建可编程金融系统与社会系统的 2.0 和 3.0 时代打下了坚实的基础。在分布式区块链系统中，智能合约所具有的自动化、可编程等特点，使得它具有对各个节点的复杂行为进行封装的功能，使得它可以作为虚拟世界的软件代理机器人使用，这将有利于促进区块链技术广泛地应用于各种分布式系统之中。[6]

区块链技术具有去中心化、信息可追溯和不可篡改、公开透明和智能合约的独特性质，弥补了传统公益事业信息不透明和管理效率低的不足，必将给慈善事业带来新的发展契机。久而久之，区块链招标数量呈现逐年攀升的趋势。在 2016～2020 年这段时间里，政府在与区块链相关的项目上的招标数量呈现出指数级的增长趋势，这既是因为区块链技术的应用价值日益凸显，也反映了政府对区块链技术的需求和重视程度的提高。

2014 年，中国人民银行成立了一支专业的数字货币技术团队，并于 2016 年 1 月举办了一场关于数字货币的专题研讨。目前，国内关于区块链的学术研究主要集中在区块链技术与金融业之间的交叉融合以及在智能合约层面的探索，而对其应用实践还处于起步阶段。世界人工智能大会有史以来第一次围绕区块链展开论坛，聚集了海内外具有重要影响的专家、学者、研究机构、技术代表以及领军企业等，就区块链技术与应用的全球发展现状及趋势进行研讨，并就区块链企业经验与发展路线进行交流，为"链智未来赋能产业"的发展注入新的活力。

2.7.2　国内研究

伴随着比特币的蓬勃发展，区块链技术渐渐走入大众视野，但前期研究主要集中在比特币上。2016 年起，国内外学术界关于此方面的论文数量呈井喷式上升，而研究热度持续高涨。目前，有关的文献大致可以分为两大方面：技术研究与应用研究。区块链研究的核心领域集中在计算机和金融领域，这两个学科的分布情况值得深入探究。计算机软件与应用，金融与信息经济 3 个学科涵盖区块链方面的文章 50% 以上。从主题分布角度来看，区块链研究热点集中在比特币、区块链去中心化、大数据、分布式记账等方面。在 2016 ~ 2017 年，我国区块链领域的被引文章频繁发表，这些文章以综述类为主，为后续学者的研究奠定了坚实的基础。

伴随着区块链相关论文的关键词网络聚类逐年增多，学术界研究热点也在不断发展变化，以虚拟货币为切入点，扩展到社会生活中的各个领域，对产业界发展及当前热点话题也在不断关注。随着大数据时代的到来，传统金融业将迎来重大变革，这也为数字货币技术的创新带来新契机。经过对区块链相关文章进行整体关键词网络聚类和时间线聚类，我们发现 2013～2015 年的研究内容呈现出较为分散的趋势，且研究进展缓慢；高校和科研院所主要依托各自优势开展区块链研究。2016～2017 年随着时间的推移，该年度涌现出多个研究分支，这些分支规模逐渐扩大，彼此之间的联系也变得更加紧密；目前区块链技术已应用于多个行业，但仍存在着诸多问题。2018～2020 年，各研究分支均有长足发展，区块链总体研究网络逐渐完善，而研究领域逐渐拓展。国内区块链研究以大学及其附属研究院为主，以中国人民大学、清华大学、中央财经大学等最活跃。在区块链研究领域，不同的科研机构凭借其独特的学科优势，形成了各具特色的研究方向和体系，涌现出了众多科研领袖和专业团队。在区块链领域的后续研究中，中国应当持续发挥现有的优势，积极挖掘杰出人才，构建强大的领导团队，加强指导和激励，以促进产学合作的发展。

区块链上游：上游包括基础层和平台层。底层技术由核心基础组件、协议、算法等组成，数据存储、预处理、对等传输。平台层是以底层技术为基础，向开发者提供智能化合约，信息安全及数据服务等产品化服务以提高开发者在平台层上进行开发应用时的便捷性及可扩展性。

区块链中游：中游包括接口层、外部交互层、呈现层。外部交互层则包括与外部系统之间的信息交换关系以及对这些信息进行处理以形成相应服务的过程。外部接口、用户 API 和管理 API 三者共同构成了接口层的核心，呈现层则是指对源代码进行封装后形成的可显示于屏幕上的用户界面。外部交互层包括预言机、链外数据以及非原生应用，这些元素相互交织，构成了一个完整的系统；用户所使用的应用程序呈现出一种分层结构，其中每个应用程序都有其独特的管理方式。

区块链下游：下游以区块链应用为主，包括个人、企业、政府、农业、工业、政务、金融、医疗、物流及知识产权等应用。

3 智慧区块链财务的平台构建

3.1 区块链在会计中的运用

区块链因其独特的程序性在较多特定场合中应用广泛，作为一项较为先进的技术，区块链的运用具有一定程度的意义性，其技术运用程序较为严谨，通过加密的信息链，对信息的恶意篡改具有防范作用（见图 3 - 4）。

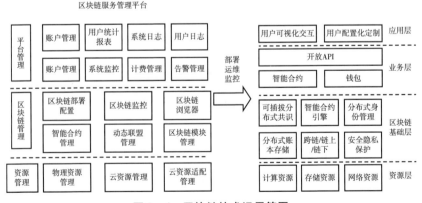

图 3 - 4 区块链技术运用简图

3.1.1 会计确认工作的应用

在会计确认工作中，区块链的应用确保了准确性，为相关领域的工作提供了可靠的保障。同时也可以有效地降低会计确认中存在的风险问题，提高企业的会计信息质量，促进我国经济发展与进步。为确保会计确认工作的顺利开展，我们需要从多个角度进行保障。首先，分节点之间的相互验证保证了会计信息质量在进行会计信息收集与整理过程中，需要对所有参与主体进行充分的了解和分析，并通过有效方式实现对各个参与者的控制。在进行会计确认之前，必须确保所有节点都已确认，才能生成最终的交易数据信息。因为每个节点都要与其他节点共同确认一个完整的交易数据，所以各个节点必须通过网络才能实现对整个系统内所有节点的控制和管理。通过节点间的互相确认，确保会计数据的一致性和准确性，从而保障了数据的可靠性和准确性，信息的同步和对称也得到了确保；[7] 同时，还能保证交易数据之间不会产生错误和遗漏。其次，当出现新的交易数据时，区块链技术会施加时间戳以记录其生成时间。这样就能避免因为某个节点的故障而导致整个系统无法正常运行的情况发生。最后，当出现新的交易数据时，区块链技术会施加时间戳以记录其生成时间。

3.1.2 会计计量工作的应用

会计计量是一种以货币或其他度量单位为基础，对各种经济业务及其结果进行计量的复杂过程。随着信息化技术的发展，会计信息逐渐实现电子化，会计业务处理不再依赖于传统方式。在会计过程中，资产、负债、所有者权益、收入、费用、成本、损益等多个方面都是不可或缺的一环，而资产计价和盈亏决策则是会计计量的核心内容。

会计计量是会计核算的基础，只有准确的会计计量才能够保证会计信息的真实可靠。在会计计量工作中，存在的主要难题在于计量方法的灵活性，以及部分企业操纵项目成本的分配与计算方式等，这都使会计工作在表面上显得透明与公开，而事实上并没有真正体现数据信息。

区块链的应用保证每项计量工作都具有透明度，甚至计量问题都要经过全网审核才能够调整数据计量工作，这样就能够从某种程度上保证计量工作的顺利开展。

3.1.3 会计记录工作的应用

会计工作的职责在于对精确计算的工作数据进行有效的数据记录和登记。会计计量是会计理论研究的基础之一，其目的在于揭示会计工作所提供的有用信息。在记录数据的过程中，通常会采用多个账户相互关联的方式进行数据记录。会计工作人员对其所记录的相关数据要严格审查并加以核对。在进行记录工作时，若监管措施不得当，可能会导致数据信息被篡改，或者出现去中心化的情况。

将区块链技术应用于会计工作，能够有效规避数字货币交易"双花"与去中心化现象。一方面，由于数字货币在交易过程中易产生重复交易的问题，很多公司需要把交易信息委托给中心机构来管理才能保证每一种货币的单向交易；另一方面，由于中心化机构拥有用户海量信息，所以在对信息进行保密时还需很好地应对。区块链技术在应用中充分利用密码学相关知识使得交易信息能够被有效地进行时间与签名标记以达到对每笔信息进行自我管理与防护。[8]另外，区块链技术避免了重复交易情况，当产生不同交易信息时，能够在网络上查看交易明细，保证了每套信息的公开性、透明性和可问性。

3.1.4 会计报告工作的应用

就会计领域而言，编制会计报告主要是为了给企业提供综合财务信息，包括但不限于财务状况等方面的信息。在会计处理的过程中，通常要对数据进行收集和整理。通过使用区块链技术可以将每笔财务交易组成一个单独的区块链进行处理，该方法与以往财务报告的编制方法有所不同。在虚假数据出现后，区块链上的节点拒绝接受这些数据信息以使真实财务信息包含在财务报告数据的分析内容之中。该方法能准确反映企业财务信息并保证各财务数据真实可靠。

对于部分企业来说，部分财务信息属于商业机密，所以可利用区块链技术建立私有链，通过权限设置财务数据信息，在保证财务数据安全的前提下得到真实可靠的财务报告。随着未来社会的不断演化和进步，区块链技术在会计领域内的应用将进一步深化，从而更好地确保会计工作的健康稳定发展。在当前社会，我国很多行业都已经开始了对区块链技术的运用，例如金融、医疗等多个领域。

3.2 区块链在企业中的运用

3.2.1 区块链技术下内部控制过程与比较优势

（1）准确监测流量数据。利用区块链技术监测音乐作品的流量数据，是许多音乐爱好者获取作品粉丝数或点播量的一种精准方法，从而更全面地了解音乐作品的内涵。在区块链中，每个用户可以直接从网络上获取自己喜爱的音乐并进行下载，而无须花费时间去查找相关信息，这无疑为人们提供了方便。目前，区块链技术的优越性已被广泛运用于音乐创作者的创作中，因为它能够为他们提供更为客观的自我认知和评价。

（2）从事电子支付或者交易的人可能遇到某些欺诈、欺骗等危险，但是区块链技术的广泛应用可以显著提升整个交易过程的安全性和效率，从而有效避免虚假交易和错误问题的发生。

（3）许多人已经充分认识到商业合同的不可篡改性的重要性，因此，目前许多企业已经成功地应用了区块链技术。随着区块链技术的发展，在未来一段时间内，区块链会成为商业领域中重要的一环。该项技术的运用，为确保商业信息的可靠性和安全性，特别是在智能审核商业合同方面的应用，进一步加强了不同单位之间的协作和联系，同时保障了合同内容的准确性，从而为商业活动提供了坚实的基础保障。[9]

（4）区块链技术的高效执行源于其由一系列代码构成的复杂结构。随着区块链的不断发展，它将是今后一个时期商业领域的重要环节。在商业领域，为防止因合作执行效率低而引起合作单位的不满，一旦合同中一些规定遭到违反，该系统就会自动执行合同，从而实时展现商业合作的高效性，并促进协议双方之间的交流。

3.2.2　区块链技术下的内部控制——应收账款管理

（1）在传统供应链金融链条上，核心企业、中小企业和金融机构都是主要参与者，然而，基于区块链技术构建的区块链平台往往会引入第三方平台服务机构，而非传统的供应链平台。在金融领域，区块链可以为金融机构提供更加高效和安全的交易环境。在区块链平台上，供应链链条将持续流转，在这些企业中，核心企业属于议价能力比较强的那一边，上游企业属于供给核心企业之一的中小企业。在供应链金融模式下,核心企业与上下游企业之间建立起了一种新型的供需关系,即核心企业为下游客户提供供应链金融服务,而下游客户为自身供应商提供相应的供应链金融服务。通常情况下,供应链金融服务都是以核心企业为中心,围绕其展开(见图 3 - 5)。由于供应链中的核心企业通常具有较为雄厚的资金实力,所以其对应收账款的管理也就显得格外重要。考虑到核心企业内部控制的高水平,其对于应付账款的管理要求也相应地更为严格。

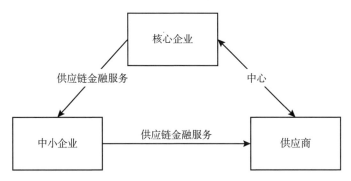

图 3 - 5 供应链金融服务流程

　　在供应链金融模式中,核心企业往往会将自己拥有的债权通过第三方机构来处理,再把这些债权转让给其他中小企业。在这种情况下,那些位于核心企业上游的中小型企业将会面临资金周转的紧张和困难,或手中所持核心企业债权很难迅速兑现。这时便出现了部分中小企业到第三方金融机构办理授信手续的情况。由于信贷困难或者不能从正规金融体系中获取外部融资,而核心企业债务评级越高,企业抵御风险的能力就越强,致使企业所持未用银行授信金额越大,最终不能将有价值资金资源进行合理配置或者正常运用,这对于一些中小企业而言是一大挑战。因此,这些企业会因为自身缺乏足够的流动性而无法及时地将这部分资金进行周转和投资,从而造成了资金链断裂等一系列问题。在此背景下，利用三方支持服务和银行合作搭建了为处于供应链上游中小企业融资的平台，以帮助他们获得更多的融资，从而确保企业的正常运营（见图3-6）。

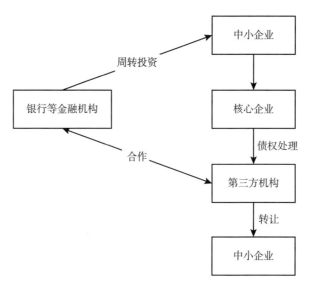

图3-6　金融机构为中小企业搭建的融资平台

（2）对于中小企业而言，在供应链前段面临的关键问题中，应收账款利用区块链技术进行管理的优势变得格外明显，由于这些公司在资金筹措方面遇到了很大的难题，可能导致整条供应链出现产业危机，供应链金融服务由此产生。因此，核心企业和中小企业之间存在着一个博弈关系。然而在过去的供应链金融服务中，常常存在诸多问题。[10]首先需要明确的是，整个产业链所提供的所有服务都必须在独立的产业链环境中进行运作，因此无法实现跨越产业链的融资；其次，无法对核心企业的汇票进行拆分；实现整体产业链汇票的跨多级流转是一项艰巨的任务，需要克服多方面的困难和挑战。在整个供应链体系内，由于各个企业之间存在着信息不对称现象，导致整个供应链信息无法有效地传递。因此，在核心企业和上下游中小企业之间建立信用关系就成为整个供应链金融模式下亟待解决的一个难题。同时，由于整个产业链上的数据无法实现共享，导致整个供应链金融服务陷入了烦琐的手续之中，难以摆脱。为此，破解中小企业融资难题，需要以供应链金融为切入点，建立以区块链为核心的供应链金融业务模式。借助区块链技术去中心化的特点，可以帮助核心企业多层次流转应收账款，进而帮助上游企业或者较大规模级供应商突破融资困境。同时通过区块链来记录和传递信用关系，能够降低交易双方之间的信息不对称程度，提高整个链条的安全性，进而促进整个供应链的发展。

区块链在信用穿透过程中扮演着双重角色，既有助于信用的传递，又能够促进信用的传递。一方面通过区块链技术，将信用信息以数字形式保存下来。首先，在数字化合约的票据确认过程中，我们需要解决核心企业确权的难题，通过编写代码，我们能够快速而高效地完成此项工作，从而实现区块链技术的应用。其次，通过对交易信息进行记录，可以有效地监控应收账款的流向。借助链式存储结构，我们能够追溯票据的渊源。另一方面是通过区块链的智能合约实现了债权凭证的电子化处理。利用区块链的去中心化机制，可进一步确保债权凭证的真实性和有效性，从而提高债权处理的效率和准确性。核心企业是否具有良好的信用基础问题，通过构建一个基于区块链技术的信用体系。通过区块链构建的信用平台实现核心企业信用向数字权证的转换，同时采用智能化合约技术成功避免协议双方的履约风险，进而提高履约速度，同时减少交易成本。通过对链式数据结构以及相关算法的设计，可有效解决信用主体间的信息不对称问题，使得信用主体间能够建立起信任关系，从而使供应链成员之间的信用风险得到很好控制。另外，采用链式数据存储结构，可实现供应链中数字权证的有序转移，当系统确认供应链中数字权证交易信息且记录完成后，数据权证接收方可对数据进行拆分后移交给各上游供应商，从而保证商业环境下数字权证的顺利转让，直到数字债权凭证过期后，数字权证仍然处于持续拆分或者转让状态。最终形成一个完整的票据流通链条。中小企业在获得票据后，由于票据面额较高，导致无法使用，此时往往能够成功克服中小企业贴现、流转和融资方面的困难。

（3）在区块链技术支持下，可以和众多银行搭建一个多层次应收账款流转平台给企业以可靠保证。通过该系统可以使核心企业获得核心企业所需的应收账款以及其上下游供应商之间的应收账款，并为其提供信用担保。因此，平台可实现核心企业与其上游供应商的应收账款在平台上实现无缝流转，为双方提供高效便捷的财务管理平台。[11]应收账款的处理是基于区块链网络中的电子数据而进行。利用区块链技术实现应收账款的有效管理，可显著提升应收账款的管理效率。本书介绍了应收账款管理中的区块链关键技术和应用场景。采用区块链技术，自动在应收账款票据上标注时间戳，并记录相关交易信息，实现自动化管理。这样就能够通过区块链系统对票据进行管理，使其能够按照既定规则进行流转（见图3-7）。

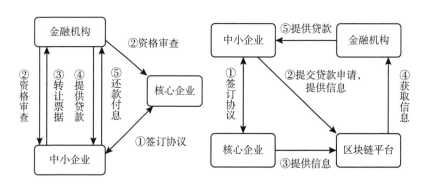

图3-7 区块链在应收账款运用流程

票据在拆分或者与上游供应商流转过程中，原时间戳及特定记录信息会重新载入得到新信息，实现票据更新。这样，票据上所记录的各个交易信息以及其对应的实际交易时间将会被一一展现出来，从而实现了数字票据的背书功能。在数字票据循环流转过程中，发行之后每一笔交易以及具体的交易时间都有明确记录，直至票据期满，持票据便利用户可使用该信息查找债务人以顺利完成票据交割。这样既避免了由于交易信息重复录入导致的票据无法兑付，又解决了传统票据流通中出现的"跑路"问题。

假设在区块链平台上，核心企业所开出的票据记录信息被标注为A，随后核心企业将该票据支付给上游供应商。如果上游供应商通过区块链上的节点对票据进行背书或验证后，则核心企业能够得到该票据。在这种情况下，上游供应商也可以采用同样的方式将该票据再次支付给其上游供应商，以达到同样的目的。在这种情况下，下游企业需要对交易信息进行重新编码处理以生成一个新的交易信息。此刻，A 所代表的交易信息已被标记为 B，而最终的票据记录信息则是 A + B。如果上游供应商在记账时发现有漏记的情况，则可以通过修改记账凭证来重新记录交易内容。直至票据到期，所有记载于其上的信息皆可追溯渊源。这样既避免了票据持有人因为信息不对称而无法获知票据实际流转情况，又保证了票据流通中不会出现空头支票等问题。

此外，在票据流通环节中，各个主体之间无须借助第三方机构就能够直接实现交易信息的传递和记录，使得整个交易流程得以简化并降低交易成本。与此同时，银行层面还可以实时了解票据流转过程中的具体情况，从而保证各项交易可以直观地展现出来。所以，区块链技术与传统票据管理方式相比较优势明显。另外，区块链技术可以保证交易平台中产生的全部交易数据一致，进而对交易数据进行有效管理。

3.2.3　区块链技术下的内部控制——资金管理

根据区块链技术的支持，有机构已着手探索将区块链技术运用于

"公益账本"，如支付宝下属蚂蚁金服，这是一个典型案例。通过该系统可以使核心企业获得核心企业所需要的应收账款以及其上下游供应商之间的应收账款，并为其提供信用担保。这样一来，公益事业的公开化和透明化不仅能够激发更多人的参与热情，而且还能够促进公益事业的发展。为了确保与企业合作的一方能够按时归还应收账款，可以考虑在区块链下建立一份"应收账款账本"，以提高其公开性和透明度，避免出现不透明的情况；同时，也应避免由于"信用问题"而导致的应收账款无法回收以及坏账损失等风险。针对"应收账款账本"，当对方受到信用维护的压力时，可以通过强制要求对方全额偿还的方式来维护其信用。此外，对于市场规范制度的构建，它也具有更为显著的促进作用。从法律层面上看，应建立"应收账款账本＋银行授信＋第三方担保"三位一体的金融模式，并将其作为企业应收账款监管的新手段。因此，采取相应的措施实践，有助于进一步推动企业资金在市场经济下的管理和发展。

在构建资金管理系统的过程中，必须充分认识到，对于企业的资金管理工作而言，其所带来的利益远大于可能带来的负面影响。在这种情况之下，可以利用区块链去中心化、不可篡改等特性来保障应收账款的真实性以及完整性，从而使得其能够更好地为公益事业服务。随着当前社会区块链技术的日益成熟，建立在此基础上的资金管理体系能够显著提升企业资金管理的整体水平。另外，构建资金管理系统，有助于保障资金使用效率和安全性。建立相应的管理框架，有助于企业在资金管理过程中规避各种潜在风险。通过构建起一个高效、透明以及稳定的资金管理系统，能够为企业带来更好的经济效益。利用区块链技术构建的资金管理系统，不仅有助于企业维护资金管理信息，而且还能提升信息自身的安全性能，从而实现更高效的管理。

区块链在企业资金管理中的另一个显著优势在于能够精准地掌控现金流，及时发现并解决潜在问题。此外，其第一个优势则是能够有效降低企业资金管理的成本。它的第二个优势在于全面提升了企业资金链的整体稳定性，这一过程将进一步降低其资金链的风险指数。总之，基于区块链技术的企业资金管理系统具有较高的价值性与优越性。对于企业而言，必须以积极主动的态度，深入探索基于区块链技术的资金管理模式，并构建相应的资金管理系统，以最大限度地发挥其优势。

随着互联网金融的蓬勃发展，构建以区块链为核心的互联网金融平台面临着越来越突出的信息安全问题，该方法在企业管理实践过程中的运用也受到制约与影响。通过建立完善、高效的资金管理模式可以使企业资金运作更规范、更有秩序。区块链技术在互联网金融平台中得到广泛运用与持续发展，以构建一个安全、智能、高效的金融平台，从而最大限度地确保平台信息的安全性。目前来看，在互联网金融平台中存在着大量闲置资金，而这些资金又是具有一定价值的资产。企业除了在有融资需求的情况下及时发行属于企业的虚拟货币进行融资外，还可以充分利用闲置资金，购买其他企业的虚拟货币进行投资。这既能减少企业融资成本又能给投资者增加回报。这一过程往往可以实现投融资的智能化和高效化，这就给企业融资渠道的拓展提供了一种全新的可能。

4　智慧区块链发展中面临的问题

4.1　区块链技术的标准化问题

目前，区块链技术尚未形成较为统一的标准，这给区块链技术的发展和应用带来了一定的挑战。未来，业界需要加强标准化工作，推动区块链技术的标准化进程。

4.2 区块链技术的性能和安全性问题

目前，区块链技术的性能和安全性仍然存在一些问题。未来，业界需要加强技术创新和研发，进一步提升区块链技术的性能和安全性。

4.3 区块链技术的法律和监管问题

随着区块链技术的应用范围不断扩大，法律和监管问题也日益凸显。未来，业界需要加强与政府部门的沟通和合作，推动法律和监管制度的完善和落实。

5 智慧区块链的应用前景

区块链技术是一种分布式的记账技术，它的基本原理是将数据记录在不同的区块中，采用加密算法，将各个区块相互连接，形成一个不可篡改的分散式数据库。由于我国相关法律规定的不完善以及监管机制的欠缺，致使部分不法分子利用区块链来非法集资或诈骗，甚至有个别不法分子利用该平台为他人谋取利益。这一项技术呈现出分散化、不可篡改、高度安全等特性，可以广泛应用于各种场景。

目前，区块链技术已经被广泛应用于加密货币、金融领域、供应链管理、数字版权保护等领域。在加密货币领域，区块链技术被用于实现交易的安全、匿名和去中心化。从金融方面看，区块链技术可以用于支付结算，资产管理和信用评级，有力支持企业数字化转型。[12]在供应链管理领域，区块链技术可以实现物流跟踪、产品溯源、供应链金融等方面的应用。在数字版权保护领域，区块链技术可以帮助艺术家、音乐家等创作者保护其作品的版权。

5.1　区块链技术的发展趋势

随着区块链技术在各领域的广泛应用，其未来发展趋势也备受关注。一方面，区块链技术在不断创新和完善；另一方面，区块链技术也将与其他技术融合，为各行各业的数字化转型提供更多的可能性。

未来，区块链技术的发展趋势将会越来越分散化、去中心化和普及化。随着时间的推移，越来越多的企业、机构和个人将会建立起自己的区块链网络，这将给全球经济和社会带来深刻的变革。区块链技术的广泛应用领域包括但不限于数据隐私保护、数字身份认证、去中心化金融和智能合约等，为这些领域带来了巨大的发展机遇。

为了进一步拓展区块链技术的应用范围，需要不断进行技术创新和发展。其中，主要的创新和发展方向包括：提高区块链技术的可扩展性和性能、优化共识算法、加强隐私保护等。此外，还可以通过与人工智能、物联网、大数据等技术的融合，进一步增强区块链技术的能力和应用场景。

最后，未来发展趋势下，区块链技术将与其他前沿技术深度融合，形成一种全新的技术格局。例如，在金融领域，区块链技术与人工智能技术的融合可以帮助金融机构更加智能地管理资产；在供应链管理领域，区块链技术和物联网技术的融合可以实现更精准的物流追踪和产品溯源等。这些技术的融合将会带来更加丰富和多元的应用场景，为人们的生活和工作带来更多的便利和创新。

5.1.1　区块链技术的标准化

随着区块链技术的不断发展，业界对于区块链技术的标准化也越来越重视。未来，越来越多的标准化组织将会推出更多的区块链技术标准，以推动区块链技术的发展和应用。

5.1.2　区块链技术的应用场景扩大

未来，随着技术的发展和应用的推广，区块链将会应用于更多的领域，如能源管理、医疗保健、电子政务等。随着大数据时代的到来，区块链技术的运用场景也在不断增加。

5.1.3　区块链技术的性能和安全性持续提升

目前，区块链技术的性能和安全性仍然存在一些问题。未来，随着技术的不断创新和完善，区块链技术的性能和安全性将会不断提升，进一步推动区块链技术的发展和应用。

5.2　区块链技术在不同行业中的应用前景

5.2.1　区块链在金融领域的应用前景

目前，区块链技术已经在数字货币、跨境支付、证券交易等金融领域中展现出了广泛的应用前景，成为不可或缺的重要工具。随着科技的不断进步，区块链技术将在更广泛的金融领域得到广泛应用，包括但不限于信贷管理、风险控制和资产管理等方面。

5.2.2 区块链在供应链管理中的应用前景

借助区块链技术实现供应链透明度与可追溯性，进而给企业带来更加有效可靠的管理方式以提升供应链效率与安全。[13]未来，随着区块链技术的发展，供应链管理领域将会成为区块链技术的主要应用场景之一。

5.2.3 区块链在医疗保健行业中的应用前景

区块链技术可以实现医疗数据的安全共享和隐私保护，从而提高医疗保健服务的质量和效率。未来，随着区块链技术的应用，医疗保健行业将会出现更多的区块链应用场景，如电子病历、药品追溯等。

5.2.4 区块链在能源管理中的应用前景

区块链技术可以实现能源的可追溯性和透明化，从而提高能源管理的效率和安全性。未来，随着区块链技术的发展和应用，能源管理将会成为一个重要的区块链应用领域。

6 小　结

尽管我国在区块链领域的认知相对稍晚，但在互联网金融市场的应用和推广方面，其发展速度却是惊人的迅猛。随着大数据时代的到来，传统金融业将迎来重大变革，这也为数字货币技术的创新带来新契机。随着应用场景的不断拓展，区块链本身也在不断演化，区块链技术将加快云计算、大数据、人工智能等前沿技术的深度融合与集成创新。区块链技术将进一步加快物流、信息流、资金流融合，切实发挥出推进实体价值的可编程社会将成为现实。

参 考 文 献

［1］区块链是什么专业（解读区块链专业到底学什么）［EB/OL］. 元宇宙内参，https：//www. yuanyuzhouneican. com/article - 176 107. html.

［2］区块链技术有哪些特征［EB/OL］. 电子发烧友网，https：//www. elecfans. com/d/1442407. html.

［3］区块链发展与前景［EB/OL］. https：//wenku. baidu. com/view/f66b49f7f41fb7360b4c2e3f5727a5e9856a27ff？_wkts_ = 16854546 44879.

［4］区块链是什么时候提出来的［EB/OL］. 小白财经，https：//www. xiaobaicj. cn/p37638. html.

［5］王雪情，胡玉晶，黄颖. 为"裸跑"在网络中的人脸信息加上外衣［J］. 电脑知识与技术，2020，16（14）：218 - 220，222.

［6］陈杰，张凯，丁晓冰．区块链在中国［J］．知识经济，2020（2）：12 - 31.

［7］王光旸．区块链在会计领域的应用分析与研究［J］．现代经济信息，2018（4）：261.

［8］王扬，吴洁．区块链技术在企业财务体系中的应用研究［J］．经营与管理，2022（9）：96 - 100.

［9］赵昌平，陈曦，龚宇．区块链技术下反向保理融资博弈分析［J］．供应链管理，2021，2（9）：43 - 58.

［10］王扬，吴洁．区块链技术在企业财务体系中的应用研究［J］．经营与管理，2022（9）：96 - 100.

［11］李朋林，董一一．基于区块链技术的商业银行业务模式创新研究［J］．会计之友，2018（21）：139 - 144.

［12］余红娟．供应链下工程物资采购模式的优化研究［J］．企业改革与管理，2019（20）：222，224.

第 4 部分 "智慧 + 管理会计"

1 导　　论

随着信息化时代的到来，企业需要处理越来越多来自内外部事务的海量数据，大大加重了企业管理会计人员的工作负担。如何对这些数据进行精准的分类汇总，是企业管理面临的首要问题。云计算和大数据等技术的不断使用和创新，为企业管理数据资产提供了新的思路。如何充分利用信息技术，从海量数据中提取有价值的信息，对企业的未来发展至关重要。企业需要充分利用自身的各种数据资源，利用人工智能技术，建立有效的数据资产管理平台，对企业内部的财务数据进行智能化整合和分析，提高企业财务管理的效率和质量。随着信息技术和网络技术的不断发展，信息技术对企业发展越来越重要，但传统会计工作模式仍然在一定程度上阻碍着企业的发展。利用信息技术将分散在不同部门和不同区域的会计信息进行整合，建立一个统一、高效、规范、安全的企业会计管理平台。通过会计数据整合平台，将财务部门、业务部门及相关人员之间进行数据共享，对企业内外部相关数据进行统一整合、统一分析、统一决策，全面提升企业管理水平和效率。智能化成为新经济时代下企业发展的必然趋势。人工智能技术在会计行业的应用已经取得了一定成果。利用人工智能技术进行财务核算和分析是大势所趋。财务核算与分析工作涵盖了财务管理中最基本、最核心、最复杂的工作内容，为实现公司财务管理目标提供重要支持。通过人工智能技术可以将核算与分析工作从烦琐重复的劳动中解放出来，实现工作效率提升。随着国家政策对"互联网＋"战略实施力度不断加大，集团企业之间的竞争日趋激烈。在这种大环境下，集团企业发展战略部署必须与业务发展相适应。对于不断发展壮大的集团企业来说，业务数据和财务数据对企业的管理模式、决策投资、人员调度和生产运营有着重要的影响，数据的使用方式、利用效率及企业各部门基于数据的互动方式和决策速度对企业发展的影响更加直接和深远，大数据已经成为企业发展和壮大的重要工具。人工智能的应用对于解决这一问题提出了新的思路。人工智能被会计行业所广泛应用于会计管理模式识别、财务核算和财务分析等领域，人工智能转变了会计行业的传统工作模式，使财务核算和财务分析更加便捷精准。

2 智能管理会计概述

2.1 智能管理会计的内涵

智能管理会计是以大数据、人工智能、区块链、云计算、移动互联等技术为支撑的业务结构流程化、数据抓取全面化、信息提供精准化、管理决策智能化，可即时高效地实现各类市场主体业务、财务、管理高度融合的数字经济时代的新型智能化会计系统。其中，业务结构流程化是指智能管理会计系统能够根据企业需求自动分析业务流程和涉及部门，确保流程环环相扣，数据自动传递；数据抓取全面化是指系统通过文字识别和文本分析技术，对管理会计所需要的各种结构性数据和非结构性数据进行挖掘和抓取，提高相关数据获取的全面性；信息提供精准化是指智能管理会计系统能够利用大数据技术搭建企业内外部信息数据库，在海量数据中精准识别有效信息，解决数据过载问题；管理决策智能化是指智能管理会计系统能够基于精准抓取的有效数据信息，智能构建符合企业经营特点的个性化模型，聚合海量数据进行模型化分析，提高管理会计工作的效率和企业管理决策的效率。

智能管理会计的应用要求企业构建一套智能化管理会计系统，将企业业务活动和财务活动相互联系起来，作为一个整体，实时监控各个环节，通过提供更加有效的数据，为企业内外部管理者提供有海量数据支撑、有科学模型测算的更加合理、高效的企业经营管理决策。

2.2 智能管理会计的本质

智能管理会计系统能够更好地为管理层决策服务，促进企业内外部资源合理分配，实现企业增值。因此，智能会计的本质属性就是帮助企业更好地实现企业价值创造。

智能管理会计系统在帮助企业降低内外部的信息不对称问题，为管理层决策服务的作用主要体现在以下三个方面：首先，借助人工智能技术可以进行大量相关信息和资料的整理与分析，为管理者提供全面、系统的信息依据，帮助管理者在日常经营当中作出合理决策。人工智能技术可以通过一系列有效的数据挖掘算法，实施数据共享，对企业内部信息化建设，发挥了积极的推动作用。更重要的是，这些可视化的运用模式能为企业的管理者所用，使企业管理者的决策更加优化。例如，通过商业智能搭建成本核算模型，通过 ABC 作业成本法的运用，借助云计算、大数据的支撑，能够遵循作业环节，精准地摊销和分配作业环节，为企业提供更加全面的成本数据信息。其次，智能手段可以帮助企业更好地看到自身的优劣势，并通过持续的企业内外部环境的分析,帮助管理者及时了解企业内外部相关信息,以提升管理者对自身发展前景、市场行情的掌握,进而帮助企业在面对竞争激烈的市场环境时,可以快速地提出可行的应对措施。最后,随着人工智能技术的应用,企业可以迅速对问题作出反应,提出科学的解决方案,这样有助于企业及时纠正发展中的问题,不断提升企业的竞争实力。智能会计最终不仅为传统财务管理提供了便利,满足企业精益求精的管理需求,还优化了管理层的决策职能,满足企业现代化管理的要求。

2.3 智能管理会计的目标

管理会计智能化的目标就是通过广泛、深入的收集经济信息,客观、精确地分析这些信息,并提供完善、可靠的报告来提高经济决策的有用性,实现各项工作的高效与准确完成,同时降低经营成本与经营风险,从而保证资源的合理。具体而言,智能管理会计的目标主要包含以下几个方面。

2.3.1 提高决策有用性

帮助管理层作出最大效用的经济决策是财务活动的最终目的。因此,提供即时、准确的财务信息以提高经济决策的有用性是会计工作的重要目标之一。传统会计系统受多种因素的影响使得管理者作出的决策有用性受到限制,而智能会计体系的首要目标就是改善管理者经济决策的有用性。

准确的经营预测是正确的经营决策的重要前提,想要提高经营预测的准确性,全面、深入的信息收集和客观、精确的数据分析必不可少。在信息收集方面，要兼顾信息的广度与深度，就信息的广度而言，宏观的国家政策、中观的行业市场及微观的企业背景三个都需要企业的关注。而信息的深度是指无论对于哪个层面的信息收集，都需要在能力所及、兼顾成本的前提下挖掘尽可能多的细节信息。在掌握了广泛且深入的信息之后，将庞杂的信息库提炼、转变为可为经营管理服务的有效数据也是一项艰巨的任务。智能管理会计借助于大数据、人工智能、云计算等信息技术，充分挖掘各类信息，实现全面深度的信息收集。同时建立智能化管理会计平台，实现有效利用各类信息进行精确的分析，从而减少人为判断造成的误差，提升预测的精确性，为提高决策的有用性保驾护航。

全面、可靠的管理会计报告是管理者作出正确决策的直接依据。智能管理会计报告的分析流程为：第一步，确定分析目标，包括财务状况、预算执行情况、存在的问题及改进建议；第二步，构建智能分析模型、评价模型和诊断模型等，以及确定算法、代码和编制程序；第三步，输入或抓取数据，运行模型进行计算、比较、分析和判断；第四步，运用语言编写系统编制分析报告和诊断报告；第五步，使用者根据需求和权限提取报告；第六步，反馈报告情况，改善智能分析系统。智能管理会计报告提升了数据质量和传输效率，实现了实时处理和数据共享，优化了管理会计报告内容，提高了管理会计报告的质量。

2.3.2 提升工作效率

在瞬息变化的市场环境和飞速发展的经济状况下，一个组织工作效率的高低极大地影响着其生存与否和发展前景。随着"互联网＋"时代的到来，引入了大数据分析、云计算、区块链等技术的智能管理会计系统的亮点之一便是大大提高了组织日常工作的高效性。

在信息化、大数据和"互联网+"的大环境下，人工智能运用到管理会计领域后，利用信息自动集成技术，自动将企业业务流程涉及的内外部信息录入智能管理会计系统中，并进行数据处理和分析，快速、高效地处理这些简单、重复的工作。管理会计人员从繁重的基础工作中解放出来后，会有更充足的时间和精力去完成预算分析、投资决策等更高附加值的工作。同时，借助大数据、云计算、区块链等新技术，智能会计系统也为各项高附加值的工作提供了数据收集、分析和建议的帮助，大大提高了企业经营管理方方面面的工作效率。

2.3.3 降低经营风险

任何经济主体的每一步发展都会面临不同程度的风险，如何及时规避风险或最大限度地进行止损，直接关系到一个经济主体能否持续稳定地发展。一旦潜在的风险不能被及时发现或正确应对，当风险真正发生时，必然会给企业带来不同程度的损失。因此，降低风险事件发生的概率及减少风险事件发生时带来的损失一直都是企业管理的重要工作。智能管理会计系统能够建立不同类型的风险评估模型，基于企业大量的交易信息和外部环境的大数据评估，对企业的业务、财务、税务各个领域所面临的风险进行识别和分析，及时拦截和报告潜在风险事件，加强企业对事前风险的防控能力；而从事中控制的角度来看，智能管理会计系统可以为企业确定风险事件的风险等级，帮助管理者及时妥善采取与之匹配的措施应对相应风险，将风险事件造成的损失降至最低甚至得以避免；从事后反馈的角度来看，智能管理会计系统还可以建立不同类型的风险线索分析模型，巩固风险线索挖掘能力，增强风险审计，提高企业发现风险的敏锐度、分析风险的准确性和解决风险的成功率。

2.3.4　有效进行资源配置

鉴于企业的资源是相对有限的，且企业的生产经营活动是持续的，需要持续的资源投入，因此，资源利用效率的最大化一直都是企业运营过程中的一大目标，资源配置的标准、效率、效果的检验等，都是企业管理活动中的重要事项。

2.3.4.1　完善资源投放安排

智能管理会计系统以企业战略目标为出发点，通过大数据分析，挖掘与企业的战略定位相匹配的关联投资点，并且帮助企业实现层次化资源配置，即以战略定位为圆心，企业预算范围为辐射半径展开资源配置，接近圆心的投资项目投入最多的资源，由近及远以此类推，既实现了资源配置的风险最小化，也实现了资源利用的效益最大化。

2.3.4.2　加强资源配置和经营结果的相关性分析

在智能管理会计系统中，通过构建模型，我们可以将每一项投资的资源投入与产出数据化，并形成二者的量化关联指数，即资源投入的变化引起的产出结果的变化的强度，企业能更客观有效地评价经营结果的绩效，优化资源配置策略。

2.4　智能管理会计的功能

2.4.1　智能信息获取

智能设备的出现和应用解决了智能管理会计的数据来源问题。随着科技的进步和现代信息技术的发展，通过互联网、工业物联网和大数据等将企业各个方面的信息实现信息化、数据化。在智能管理会计体系下，数据信息交流均随物品流转而自动进行，使业务数据能及时准确获得。伴随产品物料的流通传递，上述产品物料相关的属性特征可能会在人为或不可抗力等外在因素的作用下发生改变，如作为原材料参与企业生产并被进一步加工成新的产品或作为固定资产被使用，这些属性的改变过程也会被记录存储下来，同步传输至企业的会计信息化系统，被数据库动态识别、完整读取和即时处理，实现数据的实时更新和传输。对于数据存储量大的标签，能够记录在物品流通的每个环节的信息，原材料主要包括采购、入库、加工生产、生成产成品并入库、产品出售以及损耗，固定资产主要包括入账、折旧、减值和报废等，包括财务和非财务方面的信息。大量相关数据的存储，有效解决了会计数据源中的数据的完整性问题，从而使会计信息的可追溯性增强。

2.4.2 智能数据处理

智能管理会计系统将已获取的数据形成的数据库导入数据处理系统，对数据进行智能化处理，自动生成企业的管理数据。

一方面，智能管理会计系统将大数据与智能制造、工业互联网相结合，使得企业可以从财务数据追溯到原始业务数据。企业对财务信息进行深层次分析，不再囿于具体的财务指标数据，而是通过物联网大数据，实现业务场景交互，推进生产制造智能化升级。大数据是企业发展的核心要素之一，企业通过工业大数据来提高资源配置效率，提市场响应能力与应急保障能力，优化生产方式，促进供需匹配与创新，减少浪费、降低成本，增加透明度、提高产品质量，提供更多个性化的产品与服务，提高企业生产率和竞争力，能够促进经济高质量发展。另一方面，智能管理会计系统存储了企业历年来的产销数据、资金规模、成本费用和投资利润等信息，凭借其强大的数据处理功能，可以为企业预算的编制形成精准的数据支撑，提高预算数据采集的效率和质量。运用数据的聚集效应和数据之间的关联关系来寻找数据本身蕴含的经济规律，智能系统能够结合行业发展的数据，对企业未来发展的预期，以及企业内外部发展环境，评估企业未来发展和企业全面预算。对可能采取的方案通过剧增的数据、预测性的分析工具、可视化的展示进行预算模拟，利用大数据和模型推演出可能的结果。同时，从结果开始反向逆推，关注企业各层级与之业务态势，实时掌控变化。由于智能管理会计系统中数据的可追溯性，使得在预算执行过程中的可控制性增强，对于出现预算偏差的相应处理的针对性更强；对预算执行过程中出现的不可抗力影响企业预算或企业外部客观环境发生变化时，可以及时对预算进行调整。

2.4.3　智能风险管控

2.4.3.1　风险预警

智能管理会计系统可以通过人工智能技术对专家决策系统进行优化，通过深度学习算法建立风险预警模型，对财务数据进行长期跟踪，以便及时识别财务风险，化解安全隐患。智能系统通过数据分析设立相关比率的风险预警值，当该项指标偏离企业预设的合理范围的时候，系统会自动向企业发送风险预警信息，提醒管理层关注该项风险，并注意此类信息可能会对企业产生不利影响；同时，依据相关项目涉及的内部数据之间的关联，设置预警值，把报表项目呈现的信息分析到具体的业务执行层，从具体业务层面来实现风险管控。

2.4.3.2 风险评估

智能管理会计通过建立不同的企业分析模型，对企业数据进行评估，并出具风险评估报告。系统能够根据管理层的需要自动对企业的风险进行评估，并出具企业风险监测报告。风险管控模块仅限于把企业可能存在的风险分析出来，并把分析结果反馈到企业层面，而依据风险评估结果对企业实际发展情况作出判断，是否需要采取进一步措施来预防此类风险，以及采取何种措施，则需要企业专业会计人员作出相关的职业判断。

2.4.3.3 风险控制

企业对风险的控制一方面表现为通过特定的技术手段减少造假。如智能管理会计系统利用物联网技术，通过特定的技术从实际业务中读取数据，利用区块链的算法和程序实现对数据的控制，从而减少数据在获取和传输层面的造假。另一方面是加强岗位之间的相互监督，智能管理会计系统的红色预警功能便承担了此类角色。当企业出现风险时进行报错，即时向相关工作人员发送预警信息，使出现的问题能够及时让相关负责人员知晓，当得到恰当处理时，系统恢复日常工作状态，绿灯常亮；倘若该项风险事件未能得到及时有效处理，出现黄灯，并会再次向负责人发放预警信息；逾期仍未处理的，红灯警告，直接由系统通知管理人员。

2.4.3.4 智能决策分析

智能管理会计系统中大数据区块链的使用使得信息的真实性和可靠性增强，海量数据分析在降低了企业财务分析成本的同时，也为管理层的决策和管理提供了更加精准即时的数据支持。智能管理会计系统可以根据输入的模型，利用已有的数据模型对企业内外部的数据进行分析，实现智能决策。

3 智能管理会计的构建框架

3.1 智能管理会计的要求

管理会计的智能化至少包括智能数据采集、智能计算、智能管控、决策支持以及硬件基础五个部分。在合理搭配的硬件基础上,利用数据采集和智能计算,实现智能管控与决策支持。管理会计的智能化,首先是将管理会计工作过程中的数据进行整合、加工、处理,形成智能数据。其次是利用人工智能技术对数据进行分析,得出相关决策支持。最后是对智能数据进行分析后,利用相关决策支持技术,根据企业的实际情况进行智能化管控。智能化的实现主要包括以下几个方面。

3.1.1 数据采集

数据采集方面,管理会计智能化的核心在于利用人工智能技术,对企业管理会计工作中的数据进行全面、高效、准确的采集。通过智能数据采集,能够为后续的管理会计工作提供智能数据。智能数据采集需要解决以下问题:

(1)处理海量数据。随着企业业务规模不断扩大,企业对海量数据的处理能力逐渐增强。如何将这些海量数据转化为有用的信息,并实现快速分析和处理,是一个非常复杂的过程。

（2）确保准确性。由于管理会计工作涉及企业大量经营活动，因此需要对所获得的信息进行质量控制。只有确保所获取的信息是准确、及时、有效的，才能保证管理会计工作的顺利开展。由于管理会计工作中涉及大量经营活动，因此需要实时获取大量数据，以保证管理会计工作能够及时作出反应。此外，由于企业经营活动具有很强的动态性，因此需要将获取到的海量数据及时反馈给决策者。

3.1.2 智能计算

管理会计智能化中最重要、最基础的环节是智能计算。智能化计算主要包括两个方面：

（1）对海量数据进行智能处理。利用人工智能技术对大量复杂、无序的数据进行分析，从中发现有用信息，并将其转化为有效信息。管理会计工作的过程中，需要对大量数据进行智能分析、处理。为了提高工作效率，可以采取以下措施：第一，利用人工智能技术对海量数据进行智能分析和处理；第二，借助大数据技术对海量数据进行存储。通过以上两种方式对海量数据进行智能分析、处理，能够有效地减少人力消耗，提高工作效率。在这一过程中，需要注意以下两点：第一，充分利用大数据技术；大数据技术能够充分提取有用信息。第二，将数据转化为有效信息。

（2）根据转化后的有效信息进行智能分析和决策支持。在获取海量数据之后，对数据进行智能分析和处理后得出有用信息，为后续管理会计工作提供决策支持，实现智能化管控。利用人工智能技术将采集到的海量数据转化为有效信息后，需要结合其他工作开展智能化管控。

3.1.3 智能管控

智能化管控能够发现有价值的信息实现事前控制、事中控制、事后控制以及全面控制。智能化管控的内容主要包括预测和控制两个方面：

（1）预测。通过对海量数据的分析、处理，发现可能影响未来经营状况的因素，并对这些因素进行预测，进而为未来经营管理提供支持。

通过对海量数据进行分析、处理，得出有价值的信息，为后续的预算工作提供支持。

（2）控制。在对海量数据进行分析和处理的基础上，利用智能计算技术对数据进行分析和处理，得出可能影响未来经营状况的因素，并对这些因素进行控制，确保企业各项经营活动都在既定的范围内进行。

为了实现智能化管控，需要注意以下两点：第一，智能化管控需要对大量数据进行分析和处理。第二，由于管理会计工作涉及的数据量大、种类多，因此需要花费大量时间和精力来完成这些工作。为了提高工作效率，可以采取以下措施：第一，通过大数据技术对海量数据进行分析和处理；第二，利用智能技术对海量数据进行分析和处理。

3.1.4 智能管控和决策支持

通过区块链、商务智能、预警、可视化、数据挖掘、机器智能等技术的应用，使企业各部门处于同一个数据仓库之中。各部门在日常工作中使用统一的数据信息内容，减少了人为因素对生产决策活动的影响，促使管理会计的工作更加科学合理，同时有助于加强各部门之间的协调，消除各部门之间信息交流的不对称。专业的数据分析预测经营风险，使得管理会计在参加企业的日常生产经营活动中，更好地经营管控企业，更加准确地预测企业未来的发展方向，实现对企业产品、生产、经营和市场的全面控制和有效管理。

3.2 智能管理会计构建原则

3.2.1 共享透明

智能管理会计平台构建的一大原则是共享透明，也就是数据信息及分析结果的共享和数据业务处理流程的透明。一方面，智能管理会计平台通过数据抓取技术，将抓取的经营管理相关的企业内外部数据和信息储存在存储模块中，将这些原始数据对业务和管理相关角色按权限开放，同时将抓取的数据和信息输送到分析模块中，利用预设的分析计算模型进行数据的提取和分析，将分析结果在系统内共享；另一方面，智能管理会计平台有一套以企业自身的经营管理情况、企业战略和管理目标为依据预设好的数据和信息运行体系，数据信息在体系内的流转将严格按照预设流程进行，数据处理进程、数据流向都是公开透明可查的。智能管理会计平台通过共享和透明的特点提高企业信息利用的效率和信息资源配置的合理性，同时为数据流转和管理会计工作流程提供监督平台。

3.2.2 实时管理

智能管理会计平台为企业提供了实时获取、分析、共享和利用相关信息资源的机会，避免了传统会计核算中一些人为因素对数据信息的干扰和扭曲。智能管理会计平台能够抓取企业经营管理需要的企业内外部数据信息，并进行实时的更新，更新的数据会存储在存储模块中，同时根据更新后的数据进行针对性的分析，并将新的分析结果和分析结果更新日志一起报送给分析结果的使用者，便于分析结果使用者及时获取最新的信息变更及对业务可能产生的影响及其程度，有利于管理者及时意识到市场和业务的变化，进而实时地调整管理活动，提高经营管理的效率，同时及时发现潜在风险，制订预防或规避方案。

3.2.3　精准报送

智能管理会计平台能够将数据进行分析后得出的分析结果根据不同的管理目标进行归类，并报送给管理目标相关的直接和间接管理和业务人员。比如，企业的管理目标主要为成本管理、预算管理、风险管理和绩效管理，那么智能管理会计平台会将收集的数据信息进行分析，分别生成成本管理分析报告、预算管理分析报告、风险管理分析报告和绩效管理分析报告以及综合分析报告，在系统内将成本管理分析报告直接报送成本相关业务部门负责人和相关管理人员，将预算管理分析报告直接报送给预算相关业务负责人和相关管理人员。以此类推，最后将综合分析报告报告给各层管理人员，实现管理报告的精准报送，方便管理报告使用者对不同管理目标相关信息的精准获取，提高企业经营管理的针对性。

3.3　智能管理会计构建思路

智能管理会计平台通过对业财融合的数据资产进行深度的挖掘和分析，实现财务团队向业务团队提供建议的能力，逐步建立完善的管理会计体系。智能管理会计系统的结构由交易系统层、基础设施层、功能层、组织层和执行层 5 个层面构成，如图 4 - 1 所示。具体来讲，交易系统层主要是指企业的业务系统，在这里强调的是基于业财融合的智能会计共享平台形成的数据中心，智能管理会计平台可以通过应用程序接口来访问数据中心；基础层需要对数据中心的数据进行抽取、转换等加工，加工完成后在保证数据质量的前提下将数据装入数据仓库中；功能层是系统的核心层，其主要是借助于模型库、知识库等相关工具对清理完成的数据进行分析，在这个过程中要对用户关注的信息进行管理，以起到辅助企业运营和战略实施的作用；组织层是把系统前后台、绩效管理等各方面内容集中起来管理，中间需要组织成立技术部门，利用联机分析处理以及数据挖掘等工具；执行层则是把战略推向执行，在衡量财务指标与非财务指标衡量的基础上，往复循环地向数据中心提供反馈信息，以使平台形成更加良好的运行过程。

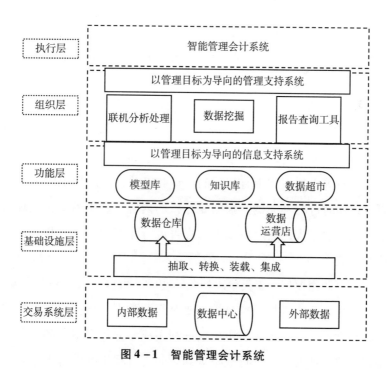

图 4 - 1　智能管理会计系统

　　数据中心的数据主要分为两部分，一部分是企业的主数据，反映企业的核心业务，具有较高的数据价值，这是已经在智能会计共享平台形成的，这些数据可以直接调用，供给各个模块分析使用，比如可以直接生成可视的财务报表。还有一部分数据是从海量的始数据中获取到的数据，数据中心中的所有数据按照企业业务关注点的不同形成不同的数据超市，比如客户数据超市、供应商数据超市等。数据超市中的数据既包括内部的数据也包括企业外部的数据。有了数据超市，在后续进行分析的过程中，平台可以直接根据分析决策的内容访问相应主题的数据超市，而不需要对原始数据进行重复访问，这样提高了数据使用的效率，避免了数据处理工作的重复，同时也能保证数据的安全性。

　　智能管理会计平台中，在获取了数据超市的数据后，需要利用相关工具对数据间的逻辑关系、关联关系等进行深入的分析，从而进行数据建模。平台上有丰富的分析工具，用这些工具可以对数据仓库的数据进行快速多维、多层次的分析。因为企业要分析的业务内容是多元的，所以智能管理会计平台上要有相应的模型库、工具库和知识库。在数据库的前端部署了各种各样的、面向多维度的数据模型，例如，SWOT 分析模型、波士顿阵、投资测算模型、风险评估模型、成长评估模型等；工具库中包含丰富多样的工具，聚类分析、本量利分析和标准成本分析等；知识库中有相关的知识和经验，同时知识库中的内容也是可以实时进行补充的。根据要分析的内容，利用模型、工具和知识形成基础的报告，然后对基础的报告进行深度的交互分析，最后提供决策建议。

　　当需要调用模型、工具解决相关问题时，可以随时从平台中调用。例如，如果企业要进行战略分析，要对行业数据、指标企业的数据进行收集整理，结合本企业的历史数据利用战略分析模型库和一些已有的知识经验，帮助企业进行战略规划。分析过程中既结合了本企业的数据，也有行业的平均数据和标杆企业数据，形成了多维的分析结果，在一程度上保证了结果的可靠性，为人工分析提供了更多的决策参考依据，提高了数据分析结果的有效性（见图4-2）。

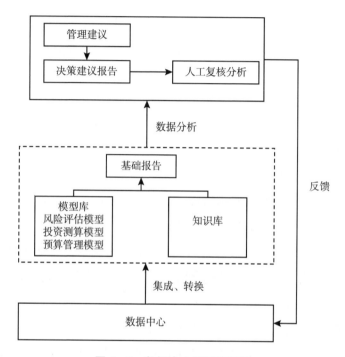

图4-2 数据中心逻辑架构图

3.4 系统构建

3.4.1 整体框架

智能管理会计平台由信息支持系统和管理支持系统两大系统组成。

企业进行经营管理活动必不可少的就是各类信息和数据，这些信息和数据不仅包括企业核心业务形成的业务数据，还必须包括与企业经营业务相关的企业外部的各种信息。信息支持系统在集合企业业务活动产生的业绩数据、财务数据和资源数据的同时，通过大数据、文本分析等技术抓取企业经营管理所需要的外部信息数据，如宏观政策、市场趋势、供应商数据、消费需求数据等，并将这些信息转换成可量化的数据。

企业的财务活动主要分为经营活动、投资活动和筹资活动，从这三大活动出发，企业的管理活动可以细分为预算管理、成本管理、风险管理、绩效管理、投融资管理。管理会计也应当以管理活动为目标提供有针对性的信息。智能管理会计平台根据管理活动的不同要求将信息处理系统分为预算管理系统、成本管控系统、风险管理系统、绩效管理系统和投融资管理系统，将信息支持系统集合和处理过的可量化数据根据不同管理需求输送到不同的处理系统中，通过处理系统中内置的管理会计工具和分析模型，对数据信息进行针对性的分析处理，生成初步分析结果。

管理会计获取的信息以及得出的分析结论都是为企业的经营管理提供支持，以满足不同的管理需求。智能管理会计平台将生成的针对性初步报告报送至管理支持系统，通过智能分析对初步报告进行综合处理和深度分析，智能生成决策建议报告，然后结合人工复核分析，生成最终的管理报告，精确满足企业的预算管理、成本管理、风险管理、绩效管理和投融资决策的需求。

管理活动的执行会产生新的数据信息，也即是管理活动的反馈，管理活动执行的反馈信息也是企业管理活动的重要参照信息。智能管理会计平台将管理活动执行的反馈信息重新纳入信息支持系统，使之成为初始数据池中的一项数据，继续进行综合分析，考察管理建议的合理性、执行效率以及管理效率，并形成执行报告。如此循环处理，不断完善企业经营管理（见图 4 - 3）。

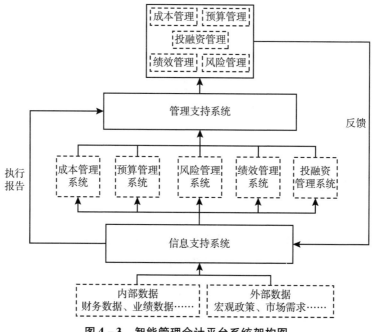

图 4 - 3　智能管理会计平台系统架构图

3.4.2　信息支持系统

管理会计是通过对经济交易进行记录、分析，"捕捉"经济活动中的价值变化，并通过财务报告（包括利润表、资产负债表、现金流量表等）对经营活动进行"捕捉"，进而将这些"捕捉"的结果和相关的经营信息，向公司的管理层和决策层提供决策支持，从而为公司创造价值。所以，在建立商业智能管理会计体系的时候，在确定了整个框架结构之后，就必须建立起符合工作任务要求的数据信息系统。

3.4.2.1 设立财务责任中心

从规模上来看，上市企业的规模和体量都比较大，多数情况下都会有多家下属子公司及分公司，其内部组织架构也比较复杂，有较多的科室及部门。另外，也有一些公司采取了"阿米巴式"的管理方式，他们把自己分成了许多个小的机构，每一个机构都是一个单独的利益中心，这就造成了公司的内部结构变得更加复杂。在传统模式下，企业通过财务会计对整体性数据进行汇总、整理和分析，但所有的数据都只能反映出企业的总体情况，并不能反映出各个小组的生产经营状况。在此情况下，企业所制定的生产经营决策就不能符合基层的具体实际，其作用也就受到限制。

所以，在建立数据信息系统的过程中，首先要建立一个财务责任中心，对各个层级的数据信息进行全面的收集和整理，进而为各级决策层提供信息数据支持。在具体设计的时候，可以根据服务内容的差异，将财务责任中心划分为三种类型：投资责任中心、利润责任中心以及成本责任中心。其中，投资责任中心主要是对投资活动中所产生的成本进行核算和控制，其主要包括资产减值准备、固定费用以及变动费用等；利润责任中心主要是对公司经营活动中产生的利润进行核算和控制，其主要包括主营业务收入、主营业务成本、营业税金及附加等；成本责任中心则主要是对公司生产经营过程中所产生的直接成本和间接成本进行核算和控制，其主要包括直接材料、直接人工以及制造费用等。在具体设置的过程中，还需要确保其灵活性和稳定性。

在财务责任中心的设置过程中，可以根据实际的情况对各个责任中心作适当的调整。比如，有的公司的财务责任中心可能会涵盖到各个业务部门，有的公司则只需要包含到相应的业务部门即可。在财务责任中心的设立过程中，还需要对每一个具体的业务部门进行充分的授权，使其能够自行选择不同类型的财务责任中心。同时，还可以将每一个业务部门划分为若干个小型单位，并在此基础上对这些小型单位进行集中管理。需要注意的是，财务责任中心不能涵盖所有业务部门。每一个财务责任中心只能针对其自身的经营情况来进行财务分析和决策，不能对整个公司所有的经营活动进行控制。因为财务责任中心并不能对各个业务部门所作出的经济决策进行准确的评估和预测，更无法对这些经济决策进行有效的控制。

因此，在财务责任中心设计完成后，需要通过数据分析模型对财务责任中心所提供的数据信息进行分析和处理。在此过程中，需要充分考虑公司业务部门对相关信息的需求状况、各业务部门之间的协调配合情况以及不同信息源之间数据信息交互和处理情况等。在对各部门的数据信息进行充分分析和整理之后，就可以根据其生产经营状况以及未来发展趋势，来对各个业务部门所面临的经营风险进行科学评估和预测。如果发现风险较高或者存在较大风险时，需要及时采取应对措施；如果风险较低或者比较稳定时，则可以适当放松管控。对于出现亏损或者是经营效益较差等情况时，也要根据不同情况采取不同的解决措施。

为保证信息支持系统与企业自身情况的适配性，需要对这些责任中心的类型和名称进行调整，使其更加适应企业的实际需要，并为企业的经营管理提供信息支持。在财务责任中心的设立过程中，要将企业生产经营过程中所产生的各项数据进行整理和分析，以便于形成综合报表。此外，还要对这些综合报表进行深入挖掘和分析，并形成相应的报告，为决策层提供决策依据。在此基础上，可以采用以财务责任中心为基础、以综合报表为依托的形式来对企业生产经营过程中所产生的各项数据进行分析。同时，还可以根据企业发展状况和所处环境的不同，对财务责任中心进行适当调整和重新定位。比如，有些企业在发展过程中存在较大的投资需求，而财务责任中心则可以对投资活动中所产生的成本进行核算和控制。在实际操作中，可以采取以下两种方法来对财务责任中心进行设置：一种方法是将各个业务部门划分成若干个责任单位，将公司生产经营过程中所产生的各项经济活动都进行归类和整理，然后确定各个业务部门所对应的责任中心。如果企业所处的环境比较好，而且对数据信息系统建设投入较少，那么可以直接对各个业务部门进行单独设置。对于那些规模较小、实力不强、业务量不多且分散在多个地区和行业中的企业来说，可以采取上述方法来设置财务责任中心。另一种方法是对所有业务部门进行划分和梳理，然后按照业务类别来划分财务责任中心。

3.4.2.2 构建信息流转体系

责任中心设定完成后，企业所有的生产经营数据被存储于最小责任中心之中，要想保证信息得到充分应用，就需要进一步构建完善的内部信息传输渠道，形成健全的信息流转体系，实现所有存储信息数据的高速流动。

一是明确企业数据规范。企业所有的生产经营活动，包括采购、生产、销售、财务等，都是围绕供应商、客户和内部职工等主体展开的。这些主体之间所产生的数据都与企业的生产经营息息相关，甚至是核心的。而这些数据，就是企业交易数据中的主数据。这些主体对应的数据，都与企业的生产经营有着直接的联系，也就是说这些数据就是企业业务活动所需要的各类信息。因此，要确保这些主数据可以在内部各个部门科室之间实现高度共享，这就需要保证其有一个统一的格式规范。首先，要实现各个职能中心之间的全部主控数据的共享，在数据采集过程中能够得到全部的有关信息。其次，根据会计账户设置状况，构建了对应的辅助审计核算体系，实现了不同账户之间的相互联系，确保了相关数据的即时获取。最后，要完善相关的内部交易记录，确保具体的数据信息的正确性。二是建立数据处理传输系统。在明确了数据规范后，企业就需要根据自身业务的特点，建立起具体的数据处理系统，以便对企业各环节所产生的生产经营信息进行汇总、存储及初步处理。首先，企业需要建立起数据收集系统，对各类结构化及非结构化数据进行全面汇总。在对信息进行采集的时候，工作人员可以使用刷脸、拍摄等方式，对企业所获得的相应票据展开数据采集，并根据数据规范及责任中心设定，对其进行统一存储。将数据采集系统与生产运营管理系统联系起来，对具体活动产生的数据进行及时的整理，并将其归类到责任中心。其次，为确保数据的安全性，构建了数据的存储体系。企业可以根据科室部门及下属子公司等责任中心的设置情况，合理地制定出数据存储点，之后将它们相互连接，最终形成一个整体的数据仓库。信息需求者可以利用联机分析和处理技术来明确数据之间的关系，并及时地发现隐藏在其中的信息，为管理决策的有效制定提供保证。在此基础上，构建了一套数据处理体系，并对采集到的数据进行了及时的分类和整理。公司可以建立一个内部的数据处理子系统，对所收集到的生产经营数据信息进行归类，之后，对这些数据的变化情况进行综合分析，并对未来的发展趋势作出预测，对这些数据中存在的问题进行深度挖掘，将得到的信息进行汇总，并将这些信息保存到数据仓库中，以满足信息需求者的需要。在建立了相应的系统之后，企业需要通过各个端口将所有系统进行链接，从而构成一个完整的数据处理传输系统。

3.4.3　管理支持系统

在完成了数据信息系统的建立工作后，企业就可以建立管理支持系统了。管理支持系统是指为企业管理层制定生产经营战略决策提供支持的各种系统，其依托于数据信息系统，以帮助企业创造更多价值为目的，在整体框架设计中，商业智能管理会计体系参与了风险管控、投融资决策经营管理、成本管控、绩效管理及预算管理等工作。所以，要确保每一项工作都可以高效地进行，就必须在各个模块中建立起不同的支撑系统，从而确保商业智能管理会计体系能够正常运行。

成本管理和预算管理是管理会计最为基础和本质的工作，成本与利润息息相关，因此合理高效的成本和预算管理对企业非常重要。预算和成本管理对准确性、时效性和反应速度都有较高的要求，因此在构建成本和预算管理系统时，必须减少成本数据流转的层级，避免信息在流转中失真。智能管理会计系统直接将数据源链接到各个工作车间，成本数据经过采集、汇总后输送到分析系统，通过预置模型将实时成本数据与预算数据进行对比分析，发现成本差异，并及时将差异报送至成本管理中心。成本管理中心根据差异问题提出相应的管理建议，在系统内进行实时反馈，并将建议的效果传输到对比系统，实时监控成本的管理效率（见图 4 - 4）。

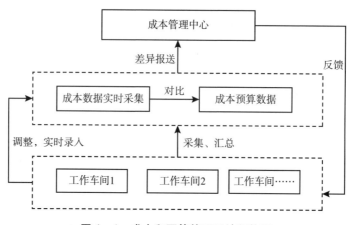

图 4 - 4 成本和预算管理系统架构图

3.4.4 风险管理系统

对一个企业来说，它在运作中所要面对的风险很多，如果不能很好地防范，将会给公司带来很大的危害。但是，从一定意义上讲，在目前的市场经济环境下，企业发展中存在着非常复杂的风险，如果不能及时防范，将会对企业的发展带来很大的危害。所以，企业在建立管理支持系统的时候，就必须建立一个完整的风险管理系统，这样才能及时发现企业在生产和运营过程中出现的问题和不足。同时，还要对具体的应对措施展开研究和探讨，以减少风险的发生，确保企业可以长期、健康地发展（见图 4 - 5）。

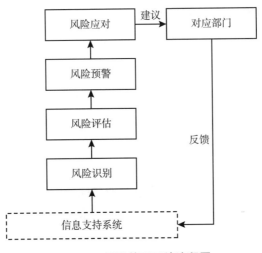

图 4 - 5　风险管理系统流程图

在具体建设过程中，风险管理系统首先要对风险进行识别，对公司进行全面的"体检"，找出问题进行评估和分析，给管理者以警告，并提出相应的对策。

第一个步骤是建立风险辨识系统。本系统的主要工作是实时地对信息支撑系统采集和整理的资料进行分析，找出隐藏在资料中的危险因子，并将这些危险因子进行汇总和储存到风险信息库中，为后续工作提供便利。

第二个步骤是建立风险评价系统。这个系统的主要工作就是识别信息库中所存储的信息，确定相应因素所对应的风险种类，精确地判断其发生概率，并对可能造成的危害进行详尽的描述。在建立子体系的过程中，企业要对评估指标作出合理的选择，对评估标准进行有效的设置，并在评估结束之后对评估结果进行总结。

第三个步骤是搭建风险预警子系统。该系统的主要工作是根据评价结果分析风险因素变动走向，预估其发生概率，当发生概率超过警戒线时向高管发出警告。最后，搭建风险应对子系统。该系统的主要任务是根据评价结果制订相应的应对策略和方案，管理层将其下发至具体科室实施，从而有效降低风险破坏程度。

3.5　绩效管理系统

绩效管理系统的主要工作是收集、整理组织及员工的工作绩效信息，并对其进行系统分析，以确定预期目标的实现，进而引导企业有效地提高整体绩效。在具体构建过程中，企业应充分利用 DIS 对数据进行采集、汇总、整理、分析。

绩效管理系统是利用数据信息系统来获取与其有关的数据的，由于数据量很大，因此必须利用数据仓库技术（ETL 技术）来对数据进行抽取、转换、加载，形成统一的、规范的数据，并将数据储存在数据仓库中。然后，运用联机分析和处理技术、数据挖掘技术等方法，对采集到的数据进行综合分析。最后，该系统会对最终的分析结果进行汇总，并生成一个信息汇总表，同时还会对目标达成情况以及出现的问题作一个详尽的说明，以协助管理者做好业绩控制工作（见图 4 - 6）。

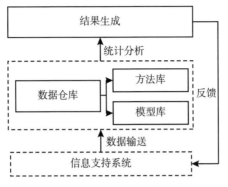

图 4 - 6　绩效管理系统工作图

3.6　投融资管理系统

投融资活动是企业财务管理的重要内容,因此智能管理会计框架应该包含投融资管理。投资分析一方面获取企业共享平台上的数据,另一方面可以利用爬虫技术获取投资项目的充分信息,把两方面的信息融合后,利用系统中内置的投资分析工具计算净现值、内含报酬率等,为投资决策提供支持;企业的融资过程一般与政策密切相关,且政策是随时变动的,所以智能会计系统中应该内置政策分析工具,实时搜集政策信息,以确定融资方式是否满足政策需求,随后利用融资分析工具对融资成本等内容进行测算,为融资决策提供支持(见图 4 -7)。

3.7　决策支持系统

企业以获取最大收益为最终经营目标,要想实现这一目标就需要管理层合理制定投融资决策，有效组织开展经营管理及预算管理，合理控制成本支出。因此在管理支持系统构建过程中，需要合理设置决策支持系统，以保证各项决策制定的准确性及有效性（见图 4 - 8）。

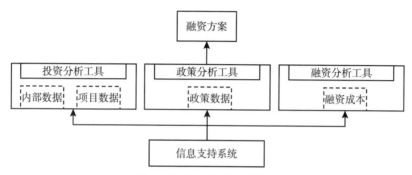

图 4 - 7　投融资管理系统图

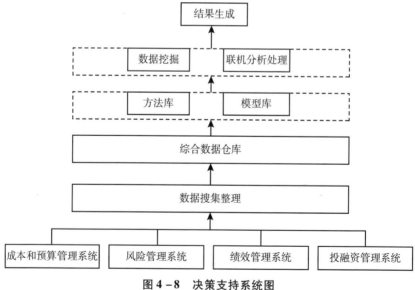

图 4 - 8　决策支持系统图

4 智能管理会计实施存在的问题

4.1 实施准备阶段

4.1.1 建设目标不明确

智能管理会计是利用互联网、物联网等信息技术，实现管理会计数据的自动采集、加工、存储、分析和报告的一种管理会计系统。根据相关文献资料，智能管理会计的建设目标可以概括为：通过财务与业务流程的全面融合，实现从传统会计到智能管理会计的转型，从而使企业业务活动的开展和财务数据分析结果都更加规范透明，从而提高企业决策的科学性和准确性。智能管理会计系统的建设目标是从传统财务会计到智能管理会计转型的基础。在传统财务会计阶段，由于信息技术水平相对较低，企业生产经营活动的开展和财务数据分析结果都比较单一且不透明，因此传统财务人员主要是通过人工方式对信息进行加工处理，从而满足企业管理决策需求。

随着科学技术水平的不断提高，信息技术水平不断提升，特别是互联网技术与大数据技术在企业中得到广泛应用，企业生产经营活动的开展和财务数据分析结果都变得更加透明、公开和规范。在智能管理会计阶段，企业生产经营活动中产生的数据将会更加丰富和多样，同时数据处理能力也将得到大幅提升。因此在智能管理会计阶段，企业需要对财务与业务流程进行全面融合，实现从传统财务会计到智能管理会计转型。如果企业在智能管理会计实施过程中没有明确建设目标、规划建设思路和策略以及开展相应的评估与考核工作等相关内容，就很容易导致智能管理会计系统在建设过程中出现目标不明确、规划不清晰、定位不准确、实施方案不具体等问题。

4.1.2 业务流程不适配

智能管理会计是一种系统化、集成化的管理会计系统，能够实现企业内部各部门、各层级、各环节之间的信息共享和实时沟通，因此需要对传统的企业管理会计流程进行变革，建立一个基于互联网技术的智能化业务处理系统，但目前我国大多数企业仍未建立完善的智能管理会计业务流程标准和规范。智能管理会计是为了更好地实现企业的战略目标而服务，因而其必须以企业的业务流程为基础，并以此为出发点进行流程的再造。业务流程是指在一定的时间和空间，企业为了完成某一特定的工作而采用的各种相互联系、相互作用和相互制约的环节组成的有序链条。在此基础上，针对每个业务流程，智能管理会计系统可以通过识别其中可能存在的风险点，实现对每个业务流程进行控制和管理，从而降低企业运营风险。

4.1.3 组织结构不契合

智能管理会计系统是将企业的业务流程与智能管理会计系统相结合，通过两者的深度融合来解决企业的业务问题，因此智能管理会计系统建设必须与企业的组织结构相契合。组织结构是指在一定的时间和空间，由企业各部门及其成员组成的，用以调节、控制和管理其活动的制度和关系网络，是企业内部各部门之间以及各部门内部之间相互关系的制度安排。如果智能管理会计系统建设与企业的组织结构不契合，就会导致智能管理会计系统与现有组织结构之间存在一定的矛盾。一方面，由于智能管理会计系统与现有组织结构之间存在着不契合，因此现有组织结构在一定程度上会制约智能管理会计系统的建设；另一方面，智能管理会计系统在进行建设时需要充分考虑现有组织结构，如果现有组织结构无法满足智能管理会计系统建设需求，就会导致智能管理会计系统与现有组织结构之间存在着矛盾。

4.2　改革实施阶段

4.2.1　员工急需转型

员工转型是企业智能管理会计改革实施过程中较为重要的部分，在智能管理会计改革背景下，财务人员的工作内容、工作方式都要发生很大的变化。

首先，财务人员的工作内容发生变化，在智能管理会计改革背景下，财务人员需要完成对企业经营数据的分析，并提供分析结果，这对财务人员的职业技能提出了更高要求，在分析过程中不仅需要运用专业知识，还需要具备一定的数据处理能力、信息搜集能力、判断能力和沟通协调能力等。

其次，财务人员的工作方式发生变化，传统财务人员的工作方式主要是进行数据核算和报告工作，在智能管理会计改革背景下，企业需要将决策支持、数据分析、风险控制等职能融入到财务工作中，这就需要财务人员具备较强的决策支持能力和信息获取能力。

最后，智能管理会计改革背景下企业财务人员需要具备较高的沟通协调能力。传统财务人员主要是通过企业内部会议完成对企业经营情况的汇报工作，在智能管理会计改革背景下，企业需要对财务数据进行分析和预测，这就需要财务人员具备较高的沟通协调能力。因此，为了适应企业智能化管理会计体系的实行，传统财务人员急需转型。

4.2.2　企业智能文化建设

在智能管理会计改革背景下，企业财务管理工作内容、工作方式都发生了很大的变化，企业财务管理人员需要通过一定的手段和方式来实现对企业经营状况的了解，这就需要企业加强智能文化建设。首先，智能文化建设可以提高财务管理人员对信息化技术的认识程度，同时，还能够提高财务管理人员的综合素质。其次，企业财务管理人员可以通过智能文化建设提高工作效率。最后，智能文化建设可以提升财务管理人员的创新能力和自主意识。

4.3　智能体系运行阶段

企业智能管理会计体系是指通过先进的信息技术手段，将会计与管理相结合，为企业管理与决策提供数据支持。但是，在企业智能管理会计体系的施行中，存在着管理制度建设的问题。

首先，企业智能管理会计体系需要建立一整套完善的管理制度，从制度层面对其进行规范和管理。但是很多企业在落实管理制度方面存在欠缺，无法有效地监管和适应企业实际发展需要。这样，会影响企业智能管理会计体系的正常运转。

其次，企业智能管理会计体系的施行需要员工的积极参与和配合。但是，在很多企业中，员工对于新型会计体系的理解和认知不足，对其缺乏积极性和主动性。管理者需要加强对员工的培训和教育，提高员工对于企业智能管理会计体系的认识和参与度。

最后，企业智能管理会计体系需要各个部门的密切合作和协调。但是，很多企业中各部门之间的沟通和协作存在问题，部门间信息交流不畅、协作效率低下，导致该系统无法得到全面运营和利用。因此，企业管理者需要在各部门间建立清晰的协作流程和规范的沟通机制，促进内部沟通与合作。

企业管理者应该致力于通过改进管理制度、提高员工素质、优化沟通机制等一系列有针对性的措施，不断优化和升级企业智能管理会计体系。只有如此，才能更好地实现企业管理与决策的科学化和精细化。

5 智能管理会计实施保障

5.1 实施准备阶段

企业进行会计智能化改革首先需要结合企业自身信息化程度和业务需求设计，从战略层面确定智能财务体系的构建方式和运营模式，依次作出详细设计建设规划，明确建设目标，这是会计智能化改革顺利实施的根本保障。

5.1.1　明确建设目标

企业进行管理会计智能化建设的目标往往不是唯一的，不同企业由于业务发展情况和信息化程度不同，其对管理会计智能化建设的侧重点也不同，即使是同一企业，不同时期的建设目标也存在差异。建设目标的侧重直接决定了企业项目规模、投入、采用技术、建设模式的不同，因此明确企业管理会计智能化改革的建设重点是实施保障措施的第一步。企业进行智能管理会计建设的目标主要有提高工作效率，降低财务工作成本；实现数据标准化，提升会计信息质量；加强风险管理，提高内控水平；整合业财信息，助力企业决策等，这些目标并不是相互孤立的，更多是相互辅助互为条件，但企业会互有侧重。侧重降低成本的企业更重视建设过程中人力成本节约和建设成本间的权衡，但切不可忽视风险，需要注重监督成本的投入。也有企业希望通过智能管理会计建设来实现更高质量的会计信息输出、更高水平的决策，这需要搭建 ERP、财务共享平台、RPA、AI 等平台或技术，企业需要审视自身硬件水平、数据标准化程度、人才结构等条件，安排好相应的资金和设备。

5.1.2　优化业务流程

流程优化是公司智能管理会计制度设计的一部分，运营依靠流程创造价值，所有业务都需要由流程来驱动，组织和人员依靠流程来实现协作。在传统管理会计模式下产生的数据和信息，很多并不利于智能管理会计系统的收集和处理，因此对企业业务流程进行优化显得尤为必要。一个高效的流程使企业的业务更加灵活有效，保证更好的质量，降低风险，并降低过程成本。

流程的优化应该服务于企业智能管理会计建设的目标，以建设目标为流程优化目标。优化过程中应注意"求同存异"，最大限度地满足同质性业务的需求，同时特殊业务也能纳入处理，这在多元化经营企业中体现得尤为明显。流程设计应考虑四个方面：成本、效率、风险和内外部满意程度。成本需要权衡变动成本、固定成本及资源消耗成本。效率需要从流转时间、队列长度来评估。流程风险评估需要考虑公司风控要求，重要的流程设置监控与复核，明确流程责任人。此外，提升内外部满意程度也是管理会计智能化建设的重要部分，需要从授权或信息的可获取性、流程简洁性去考虑设计。

在智能管理会计建设中，流程标准化是优化设计的重要一环，也是智能管理会计体系设计的关键。为了流程智能化、自动化处理、信息标准化输出的需要，需要标准化的内容很多，包括会计核算方法与口径、财务报告生成方式与口径、操作步骤标准化等，使优化后的流程产生的数据能够被智能系统识别、收集和处理，流程的标准化一方面使流程效率、质量得以保障，另一方面也是实现管理会计智能化的前提。

5.1.3　理顺组织结构

组织结构依赖于建设规划并服务于建设目标，企业的业务流程又为组织结构设计提供了明确依据。比起传统组织结构，智能体系的组织结构更强调与业务流程、智能平台的契合度，只有理顺组织结构才能最大限度地发挥智能管理会计平台的效能。企业智能体系组织结构的设计一般遵循以下几个原则：

（1）同类归并原则。对于同一性质的业务，例如税务核算、成本费用核算、往来核算等设立业务小组整合相关业务，保证该业务公司层面的统一性。

（2）流程化运作原则。组织结构的设计目标是让业务流程更加顺畅、高效地运行，因此以业务流程条线归集业务部门方便落实责任人，有利于智能会计工作风险把控和效率提升。

（3）协作原则。组织结构设计应该保证各个部门间能最大限度地相互协作，一个部门并非一个业务孤岛或信息孤岛，部门间应可以顺畅高效地保持协作关系。

此外，组织结构的设计还应考虑两点：一是充分估计工作量及工作性质，达到人力的相对均衡；二是设置合理的管理跨度，各部门保持充分沟通。根据以上原则和要点，企业可以根据自身特点理顺适合自己的组织结构。设计难点在于如何把控业务小组专业化程度和组织结构链条设计。小组专业集中度越高，该业务标准化程度越高，有利于提高效率，但会导致该业务小组视野局限于本小组工作。例如，费用会计只对费用业务负责，难以协调其他部门工作。设计同类业务归并到统一组织链条中可以一定程度上弥补单个小组专业集中度过高导致的协调能力不足，企业需要根据业务性质合理归集同类业务，设立业务群组，兼顾效率与沟通。

5.1.4 筹备充实人力

智能管理会计体系建设无论从智能平台搭建、智能平台管理还是智能平台运营都需要企业从内部和外部筹备充实人力。

智能平台搭建前可以借助管理咨询机构对企业进行智能诊断和分析，协助企业制定合理的建设规划，协助企业选择和维护相关软件、硬件和系统方案，帮助企业培养人才。智能平台的搭建工作可以选择自主研发、外包或众包多种模式。自主研发模式需要企业积极推广平台的运用，广泛增加平台作业量，充分测试，自行对平台参与者进行培训和管理。外包模式下需要对供应商规模、分包内容匹配情况、成本、服务质量等多方面进行考察，建立供应商评价机制和资源池。众包模式下需要自身团队对业务需求有明确规划和清晰认识，选择满足需求的众包平台进行任务发布。

一支业务水平出众、管理能力卓越的管理团队和运营团队是推动企业智能管理会计体系建设的强有力保障。在智能管理会计体系建立过程中，会改变原有管理人员的管理习惯，从而带来抵触心理。企业需要对会计人员和运营人员开展有效培训，适时优化更新团队人员构成，建立有效的选拔晋升和淘汰考核机制。

5.2　改革实施阶段

企业进行管理会计智能化改革的进程可以分为连续阶段、渐进阶段、不断改变阶段和全面阶段四个阶段。连续阶段业务流程开始标准化，部分业务流程可以自动化处理，此时公司会计人员工作没有较大变化；渐进阶段业财一体化趋势显现，大部分业务流程可以由财务机器人、专家系统代理，原有岗位的职责发生较大改变；不断改变阶段体现为业财深度融合，实现信息共享，一般性事务的流程由标准化集中化逐步向智能化过渡，大幅减少了会计人员的需求；在全面实施阶段，不但建立了财务共享中心，财务决策过程也逐步依赖数据挖掘、神经网络、XBRL、智能预警、智能诊断。在改革实施阶段，尤其是渐进阶段到全面实施阶段之间，工作的重点需要放在减少改革阻力上，需要做好人员安置、员工培训及企业文化的建设，保障改革顺利实施。

5.2.1　引导员工转型

针对需要转型的和适应新环境的员工，企业应协助管理会计人员向成本与内部控制型人员、专业财务分析人员、风险管理人员、技术型财务人员、战略管理型财务人员转型。具体而言，应加强各种方式的培训，建立业务财务一体化的指导体系，对各项工作建立标准化的工作指引和手册。

针对转型困难的员工，应予以积极宣传引导，并及时且充分地了解其工作意愿，尽可能地实现匹配。

5.2.2　建设智能文化

企业文化建设可以帮助企业管理者自上而下地转变管理和工作理念，有效缓解改革过程中遇到的阻力。企业构建智能文化应引导管理者和员工从系统优化、流程优化、数据标准化、财务管理智能化、风险管理智能化、决策科学化的角度去思考问题，自发地提出当前业务需要优化的点，哪些业务是烦琐的可以用机器替代的，哪些技术是可以帮助管理者决策的。

企业文化的建立首先需要企业在内部明确运营如何创造价值，智能建设如何为员工和公司带来价值，让智能化理念深入人心。另外，更重要的是企业需要为员工和管理者践行企业文化和价值观提供充分的软硬件环境，如 IT 资源的保障、培训资源的提供、对员工需求的肯定等。随着文化建设的完善，员工对新的工作内容和环境的抵触以及管理者对新的管理模式的抵触会逐渐减弱，并且从长期来看，有利于公司智能建设长远发展。

5.3　智能体系运行阶段

在会计智能化改革初步完成后，企业需要制定规范的运作制度，养成良好的运作习惯，并不断保障执行效果。

5.3.1　建立规范业务流程管理制度

企业在进行管理会计智能化改革过程中需要进行大量流程再造、流程优化工作，以达到降低成本、提升业务处理效率的目的。在完成流程再造与优化后，需要建立业务标准在企业内部统一管理制度、统一审批流程、最大限度地减少特殊化处理，减少主观臆断。

5.3.2　建立有竞争力的人员管理制度

首先，要建立一套行之有效的人才选拔制度。优秀的智能财务人员应该具备多种素质，一方面，要具备以资格证书、专业技能、组织协调能力、学习创新能力为支撑的职业化技能。另一方面，应具有诚信、协作、敬业的职业化素养。

其次，员工培训制度既是防范风险、疏解改革压力的重要举措，也是提升员工自身素质的重要办法。企业应针对不同群体员工制定不同的学习目标和差异化的培训。

5.3.3　建立科学现场管理制度

智能管理会计平台运行过程中无论人员、设备、环境哪一个环节出现问题均会对平台运行造成困难，小的差错造成的问题刚开始或许并不突出，但随着业务流程的积累，问题可能变得突出。因此需要采用科学的现场管理制度，对人员、设备、方法、信息、环境进行有效计划、组织、协调和检测。基本内容包括：第一，现场生产环境整洁，硬件设备运作常无故障；第二，加强系统运营管理，及时清理堆栈的废弃数据，及时优化流程处理速度，保障平台运行流畅性；第三，健全各项规章制度、技术标准、统计台账等；第四，加强现场监督管理，严格按照岗位职责权限操作，严禁代为操作；第五，搞好团队建设和民主管理，提高员工的主动性和积极性。

5.3.4　建立合理绩效管理制度

智能管理会计平台运营过程中需要以改革目标和经营目标为指导，通过对组织和员工的工作成绩进行评价，达到奖优评劣、提升组织和员工绩效的目的。因此公司需要设定科学的组织绩效评价标准和员工绩效评价标准，为员工和管理者提供整改依据和努力方向。对智能会计平台内员工的绩效评价应根据岗位设置的不同，由上级领导根据组织绩效标准设置个人绩效考核目标，除此以外还应增设工作能力考核，从沟通协调能力、内控与合规意识、业务创新能力等方面进行考评。智能会计平台运营之初，组织内部需要时间优化和熟悉业务，绩效管理考核标准可以适当放宽，平稳运行后可适当提高标准。

6　小　　结

智能管理会计体系是现代企业管理和决策中不可或缺的一部分，它融合了信息技术和会计学科，为企业提供了精细化的管理和决策支持。然而，随着企业发展和市场竞争的加剧，智能管理会计体系的建设和应用面临着一系列挑战和问题。因此，在实践中，我们需要重视智能管理会计体系的建设和优化。

首先，智能管理会计体系的建立需要依托先进的信息技术，但仅靠技术并不够；与此同时，还必须建立适合企业的管理制度，并且要确保员工的素质符合智能管理会计体系的要求。只有建立完备的制度体系，提升员工素质，企业才能充分发挥智能管理会计体系的优势。

其次，在智能管理会计体系的实践中，我们也要注重加强与业务系统的结合。智能管理会计体系建立的目的就是为企业的商业活动提供信息支持和决策分析。我们要将智能管理会计体系与业务系统、财务系统等其他系统高度整合，使之成为企业管理的有机组成部分。

再次，在智能管理会计体系的运输中，我们不可忽视数据的安全性。一旦数据泄密，不仅会对企业造成经济损失，还会对企业的声誉造成极大的影响。因此，在智能管理会计体系的建设过程中，要加强数据安全意识建设，完善数据安全制度和技术手段，保障企业数据的安全和可靠性。

最后，我们需要不断地完善和优化智能管理会计体系，以适应企业发展的需要。在实践中，我们要以企业实际情况为基础，加强对智能管理会计体系的分析和研究，及时调整和优化智能管理会计体系，确保其为企业提供精细化管理和决策支持的功能。

总之，智能管理会计体系的建设与使用对于企业的发展和决策具有重要意义。通过建立完备的管理制度，加强数据安全保护，优化与业务系统的结合，不断完善与优化智能管理会计体系，我们可以发挥智能管理会计体系的最大价值，为企业的发展和决策提供坚实保障。

参 考 文 献

[1] 余绪缨. 管理会计学科建设的方向及相关理论的新认识[J]. 财会通讯（综合版），2007（2）：6 – 8.

[2] 许金叶，李歌今. ERP 构建会计大数据分析平台：企业会计

云计算建设的核心 ［J］. 财务与会计（理财版），2013（4）：40 –
43.

　［3］卢青. 浅议战略管理会计信息系统 ［J］. 现代经济信息，
2013（13）：45，50.

　［4］熊磊. 云计算在管理会计信息化中的应用初探 ［J］. 财会通
讯，2014（34）：99 – 100.

　［5］沈双，涂建明. 供应链管理情境下跨组织管理会计研究
［J］. 新会计，2016（1）：46 – 49.

　［6］王子亮，严静诗. 基于供应链的管理会计研究综述 ［J］. 会
计之友，2016（23）：57 – 61.

　［7］李峰. 基于"互联网 +"的企业管理会计创新研究 ［J］.
时代金融，2018（23）：146，148.

　［8］李来红. 基于"互联网 +"时代下的管理会计研究 ［J］.
财会学习，2018（26）：84 – 85.

　［9］张松旺. 管理会计信息化探究 ［J］. 合作经济与科技，2018
（21）：176 – 177.

　［10］韩向东，屈涛. 基于数据中台的管理会计信息化框架及创
新应用 ［J］. 管理会计研究，2020，3（Z1）：116 – 124，136.

　［11］马桂芬，陈平，张丽，等. 基于区块链的管理会计信息化
研究 ［J］. 中国注册会计师，2020（9）：114 – 118.

　［12］张志，李军祥，张栋梁. 基于联盟区块链的供应链信息协
同博弈研究 ［J］. 计算机应用研究，2021，38（5）：1314 – 1319.

　［13］孙德生. 基于供应链视角的管理会计信息化协同效应分析
［J］. 国际商务财会，2021（5）：44 – 47，50.

　［14］仵岩. 论管理会计在 ERP 系统中的财务实践 ［J］. 营销
界，2021（29）：148 – 149.

　［15］李斐然. 数字化时代的管理会计：2021 中国会计学会管理

会计专业委员会专题研讨会观点综述［J］. 财务与会计，2021 （15）：83 - 85.

［16］胡玉明. 管理会计的本质与边界［J］. 财会月刊，2021 （19）：16 - 24.

［17］嵇凤珠. 信息化环境下基于供应链管理的管理会计应用研究［J］. 产业创新研究，2021（20）：34 - 36.

［18］冯巧根. 嵌入数字技术的管理会计实践［J］. 财会通讯，2022（9）：3 - 10.

［19］张磊. 财务共享视域下企业管理会计信息化研究［J］. 财会通讯，2022（11）：144 - 149，155.

［20］陈美华. 论管理会计的基本假设［J］. 会计之友，2022 （21）：2 - 7.

［21］黎小华，许艾明，张整新，等. 航空装备数字化供应链协同制造云平台研究［J］. 现代制造工程，2022（11）：8 - 15.

［22］王一涵. 基于供应链管理的管理会计创新研究［J］. 投资与创业，2022，33（22）：59 - 63.

［23］何雪芽，沈耀鹏. 智慧供应链绩效评价研究现状［J］. 中国储运，2023（3）：71 - 72.

［24］Teck-Yong Eng，Kholoud Mohsen，Lin-Chih Wu. Wireless information technology competency and transformational leadership in supply chain management：implications for innovative capability［J］. Information Technology & People，2023，36（3）.

［25］Asha Asma Ansary，DulalMarzia，Habib Dr. Ahashan. The influence of sustainable supply chain management，technology orientation，and organizational culture on the delivery product quality-customer satisfaction nexus［J］. Cleaner Logistics and Supply Chain，2023.

［26］Srivastava Praveen Ranjan，Zhang Justin Zuopeng，Eachempati Prajwal. Blockchain technology and its applications in agriculture and supply chain management: a retrospective overview and analysis [J]. Enterprise Information Systems, 2023, 17 (5).

[27] Franke Franziska, Hiebl Martin R. W. Big data and decision quality: the role of management accountants' data analytics skills [J]. International Journal of Accounting & Information Management, 2023, 31 (1).

[28] Liao Longhui, Yang Chuan, Quan Lirong. Construction supply chain management: A systematic literature review and future development [J]. Journal of Cleaner Production, 2023.

[29] Sun Haiyan. Construction of integration path of management accounting and financial accounting based on big data analysis [J]. Optik, 2023.

[30] Qu Longyu, Wang Zhan, Sun Chang, Yin Linsen. Application of ABB in environmental management accounting: Incorporating MFCA into the budget process [J]. Frontiers in Environmental Science, 2022.

[31] Vărzaru Anca Antoaneta. Assessing Artificial Intelligence Technology Acceptance in Managerial Accounting [J]. Electronics, 2022, 11 (14).

[32] Sun Yan yong, Yu Guang, Zeng Ceng. Research on Management Accounting.

[33] Framework and Quantitative Correlation Based on Hall Three-Dimensional Structure [J]. Mathematical Problems in Engineering, 2022.

[34] Zeng Yan. Neural Network Technology-Based Optimization Framework of Financial and Management Accounting Model [J]. Computational Intelligence and Neuroscience, 2022.

第 5 部分 "智慧 + 审计"

1 导　　论

1.1　人工智能概述

人工智能（Artificial Intelligence）是计算机科学的重要分支之一。它企图了解智能实质，并生产出一种新的能以人类智能相似的方式作出反应的智能机器，机器人、自然语言识别处理、专家系统、图像识别等技术均属于人工智能范畴。在电气自动化领域当中，人工智能与传统人工控制相比，其最大的特点在于能够以计算机技术为辅助，完全实现机械设备自动化、精确化控制，能够大幅度节约人力资源。在工业化生产过程中，通过人工智能技术能够对各项信息数据进行实时传输、动态分析、处理，并能够将生产过程中存在的问题及时向控制管理人员反馈，最大限度地保证自动化生产的稳定性与安全性，有利于提升工业生产效率及质量，在节约生产成本的同时，可获得更大的经济效益。

1.2　人工智能对审计的影响

21 世纪以来，人工智能技术的发展日新月异。新的技术不断给审计工作赋能，新的经济、技术、业态、模式不断涌现，极大地推动了审计工作的发展。人工智能不仅改变了审计的思维、操作流程和审

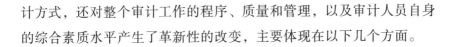

计方式, 还对整个审计工作的程序、质量和管理, 以及审计人员自身的综合素质水平产生了革新性的改变, 主要体现在以下几个方面。

1.2.1　审计职能扩大

自 2002 年 7 月国家计委正式批准"金审工程"起, 我国的审计工作逐渐向信息化演进。人工智能提升了审计能力, 风险预警系统的出现强化了风险管控能力, 大大提高了事前、事中审计的可能性。

同时, 企业内部审计也开始建立风险预警模型, 通过对企业日常经营管理的数据进行系统化的整合, 对系统中潜在的风险进行预警, 及时采取一系列相应措施进行预防。随着信息技术大规模投入社会中去, 审计的职能也发生了巨大转变, 审计开始由外部审计逐步将重心转移到企业内部, 成为企业风险防控和内部治理的重要组成部分。

1.2.2　审计范围扩大

传统审计的侧重点以及相关资料是否真实、合法、公允地反映企业营收情况的核查和记录, 是独立的经济监督活动。

将人工智能技术与审计工作融合后, 大量的被审计单位信息资料将以电子数据的形式被采集、分析和处理。由于电子数据具有易篡改、销毁、盗用的特质, 会给企业造成无法估量的损失。因此, 审计人员必须重视审计信息的安全, 定期对电子数据库、信息风险、存储介质管理、信息设备等方面的管理与运行的安全性与规范性进行检查。

由此可见, 由于人工智能系统的出现, 使企业经济运营与数据密不可分, 审计工作的范围也不得不由传统的关注经济安全转变为关注信息安全上。

1.2.3　审计方式改变

在传统的审计工作中，由于各种客观因素的限制，致使审计人员在进行审计工作时，必须到审计现场，审计周期长，审计成本增加，审计效果甚至会无法达到预期。

企业日常活动产生的账项等信息都储存在企业的数据库中。基于此，企业建设智慧审计平台，对目标数据进行分析和筛查，对企业数据的安全性进行保护，对异常数据重点关注，仔细查找审计线索，对审计项目中存在的问题进行及时更正。这样的审计方法大大提高了审计业务的精准化程度，克服了传统审计中的经验主义缺陷，保证工作质量和效率，优化了人员配置。

1.3　智慧审计的内涵与外延

1.3.1　智慧审计的内涵

党在"十四五"规划纲要中明确提出要"加快数字化发展，建设数字中国"，意味着我国已经步入数字经济建设的新时代。审计作为社会监督的重要组成部分，其数字化、智慧化、信息化趋势不可避免，这正是"智慧审计"提出和发展的背景。

智慧审计的发展依靠着人工智能、大数据等新兴科技的发展与应用，智慧审计即是"人"与"机"的相互融合、充分利用。要通过人机交互的过程来满足单凭人力难以完成的工作，以此来创造智慧。

在审计业务中凝聚审计人员的专业能力、分析水平，设计特定的审计流程和审计方法不断给计算机赋能，最终通过智慧审计系统来实现，减轻审计工作者的负担，提高审计的效率效能，节省审计的人力、物力成本。

对于审计中的"智慧"可以分成两类：一类是以人为主导的审计人员的智慧；另一类是以计算机、智慧审计平台等高新技术为主导的创造的智慧，以人为主导的部分即是审计人员对计算机进行操控，计算机为主导则是计算机对审计业务过程、审计准则规范等专业领域进行学习，从中查找各个信息之间的协同条件和关联具体情况，以显示数据信息之间的区别和联系，方便各项审计工作的协同开展。其中两种智慧是一种相互依存、相互促进又相互关联、相辅相成。计算机系统以现有的审计专业理论和实践案例为基础，更高效地探索审计数据的关系，再反馈给审计人员，对整个审计的模式和方法都有创新性的影响。

1.3.2　智慧审计的外延

在审计信息化和新兴技术广泛应用的环境下，审计工作者利用审计人员的智慧和计算机技术，更高效率、更高质量地完成审计工作。在智慧审计中，虽然计算机技术极大程度上变革了审计的方式方法，具有不可或缺的作用，对审计思维具有创新性意义，但即使如此，审计依然以审计工作者作为主导。审计人员在审计工作中需要对审计项目负责，对审计的过程进行全面的、实时的监督和把控。智慧审计依托大数据技术和人工智能的应用建设为基础，强调对于审计数据的挖掘分析。智慧审计和大数据审计存在很多相似之处，但并非能够混为一谈。比如，大数据审计在某种程度上是存在缺陷的，而智慧审计的诞生和发展使得大数据审计的缺陷得以弥补和解决。这样来看，智慧审计也是依托于大数据审计产生并在此基础上进一步发展而来。相对于大数据审计的静态化、单程化的特点而言，智慧审计明显的特点就是智慧化、信息化以及迅速化。

1.4 审计智能化的发展

1.4.1 智慧审计的产生

在当下社会，人工智能在各个领域的应用已经十分广泛，人工智能的出现改变了居民的生活方式，极大提高了社会的运行效率。党的十九大报告中明确提出了"智慧社会"的概念，意味着我国人工智能技术在社会生产、建设以及发展中的投入已经来到一个全新的阶段。传统产业逐渐趋向现代化、网络化、数字化。审计工作作为社会监督的重要组成部分，其向智慧化转型的趋势已经不可避免。在人工智能环境下，传统的审计模式已经无法适应智慧化审计业务的需要，因此需要迈出新的一步。基于此，智能审计模式应运而生，并逐渐成为未来审计发展的主要形式。智慧审计是将传统审计业务与人工智能技术相结合，利用人工智能自动采集、分析相关数据，实现审计目标，在新的审计思维、审计模式的指导下开展审计工作的全过程。与传统的审计方法相比，智能审计方法具有更高的效率和智能性，可以大幅度提高审计的准确性，具有广泛的应用前景。

1.4.2 审计智慧化的演进

审计智慧化是一个循序渐进的过程，在这个过程中，计算机辅助审计、大数据导致各类名词层出不穷，应接不暇，无法科学地指导审计信息化健康有序地发展。

审计工作具有专业审计、智慧审计、区块链审计等，从本质上看，由于各种信息技术在赋能的类型、程度等不同，性强、业务能力要求高的特点。审计人员也应该与传统的审计模式有区别，具体表现为审计人员要增强自己的人机协同能力，计算机操作能力，这也意味着审计人员要加强信息教育的培训。对审计人员的综合素质作出全面调研即可发现，对问题的处理能力以及对审计事件的应对能力是审计人员应该掌握的最核心能力。

信息技术发展产生的海量数据使现有的审计数据库面临着史无前例的挑战，审计区块链可以保证数据和交易的真实、合法，在智能合约中嵌入人工智能和大数据分析技术，这样可以实现审计工作的完全自动化。审计人员的工作变为督促整改，而事务性的审计则基本由机器和代码执行。

2 智慧审计概述

2.1 智慧审计概念

智慧审计是指将审计信息最为基础的信息资源，通过对信息进行管理，在管理的过程中对信息进行采集、加工、传输，最后应用的过程。在这个过程中会为企业提供各种信息，作为企业的风险管理、决策、经营、发展方向的依据之一。智慧审计是信息化、大数据与人工智能相结合的产物,是不断发展、迭代、融合的过程。党的十九大报告中首次提出"智慧社会"的概念之后,借数字化发展赋能之势探索审计发展新模式势在必行。如今随着信息化发展程度的不断加深,传统的抽样审计模式的基础已经彻底被动摇。由于停止进行抽样调查,极大程度上将目标数据的采集范围扩大,审计人员在对数据进行检索、核查的过程中发现的异常数据信息,逐一形成成串的审计线索。集数据融合、处理、存储与管理、分析与挖掘、展现与应用于一体的智慧审计应运而生。

2.2   智慧审计的业务流程

随着当前人工智能技术的发展,可视化、数据、声频、文字等一系列人工智能技术的发展与应用,都对我们的生活发生了改变,审计行业也是如此,在人工智能不断发展的今天,智慧审计出现在人们的视野中,通过人工智能进行分析处理,智慧审计不断地展现出它的优势,传统审计模式已逐渐无法适应现代审计业务的需要,将审计与人工智能技术相结合已经成为审计工作未来发展的必然趋势。在智慧化的审计平台中,审计业务的流程与传统审计业务相比更加自动化、智能化、高效化。

2.2.1   重复性审计业务流程

计划阶段。在审计工作开始前,审计机构需要进行大量的前期准备工作,包括对于被审计单位信息的采集、业务性质以及业务流程等。审计人员审计项目应按照审计署的要求,在严格的财政和人力资源限制下进行。此外,在制订具体的审计项目计划之前,审计人员应利用人工智能技术重新分析和确认审计项目和优先审计范围，以防止在同一时间进行多项或重复审计的问题。

实施阶段。包括编制审计工作报告、实施计划和通知等流程都可以通过人工智能技术自动生成。审计人员利用的是一个能够全自动的、实时运转的、智慧化运行的计算机子系统，审计人员能够采取人与电脑相结合的模式，把计算机作为审计工作进行下去的媒介，节约了时间成本，大幅提高了审计工作的效率和质量。

生成结果阶段，一份审计报告，能够利用 AI 技术自动分析审计工作报告、证据表和实施计划之间的联系，确定工作报告和证据表之间的定性信息、数据和问题差异，计划中未实施的程序，包括审计建议、风险预警和项目基本信息。审计报告经过审核后出具审计意见，再通过服务器发送给被审计单位。审计人员还需要在线实时跟进，落实被审计单位的改进情况是否合规。

2.2.2　特殊性审计业务流程

特殊性审计业务流程无审计项目计划，而是以特定方式启动、临时分配或实施的审计事项为专项审计事项。特殊性审计业务的流程主要包括：首先，审计人员根据项目情况将审计业务分配到具体的审计部门，工作人员将审计业务进行分析和归类。其次，审计部门将审计项目信息录入系统，由智慧审计平台自动生成审计计划草案，提交给相关管理人员进行审批并生成执行方案。最后，将工作文件、鉴证表和实施方案进行关联分析，将审计结果输出，生成审计报告。

2.3　智慧审计的典型特征

2.3.1　数据化

广范围的"大数据"：大数据技术推动了互联网信息化的纵深应用，审计人员能够利用大数据给审计赋能，实现海量动态化数据的收集、整理、分析与预处理，包括对数据的采集、加工、分析、筛选、存储与管理。

2.3.2　自动化

全方位的"自动化"：减少了手工工作的重复投入，实现系统的自动化转变，极大程度地提高了审计工作效率，将工作流程从事后的抽样检查转变为事前、事中的全样本检查，对具体的审计业务进行自动化处理。

2.3.3　智慧化

提供更智能的审计解决方案；分析和扩展审计模型，帮助提高其有效性和效率；通过提供及时的洞察力和反应，对外部环境和内部风险预测作出快速反应，使整个审计业务流程更加合理高效。

2.4 智慧审计系统的应用

尽管在审计智能化建设的过程中研发的审计软件不尽相同，但已经形成了一套系统化的操作流程，体系逐渐趋于稳定，软件功能逐步定形。具体流程见图 5 - 1。

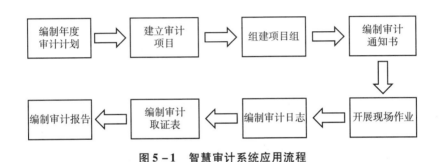

图 5 - 1 智慧审计系统应用流程

2.4.1 编制年度审计计划

在编制年度审计计划时，首先要起草人录入年度审计计划的基本信息，采用审计计划 "管理" 功能，根据实际情况填写企业单位本年度的审计计划信息，包括年度计划负责人、编制依据、指导思想等，起草人将审计项目的详细信息录入年度审计计划中，包括企业的财务收支、工程竣工决算审计项目、工会经费收支等。完成上述事项后，编制年度审计计划并进行审批。按一般流程，先交由部门主任审批，部门主任通过 "待办事务" 处理和审批。部门主任审批时可以视情况，决定是否交由下一环节审批，若需要，选择相关信息后，由起草人选择下一个环节的审批领导继续提交，执行审批流程。

在进行审计计划调整工作时，在已审批状态下不得任意修改计划信息，但在特殊情况下，比如有计划外的项目需要开展之时，则需要有审计负责人在系统内对审计计划进行调整，经由相关领导审批生效，具体流程如图5-2所示。

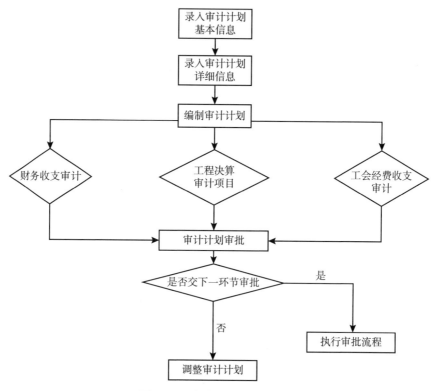

图 5-2　审计计划编制流程图

2.4.2　建立审计项目

审计项目的建项工作同样在审计信息系统中进行，当审计计划已经获得审批，在开展审计工作前，需要对审计项目进行建项。审计人员应对计划年度的目标审计项目进行提取操作，生成草拟审计项目并自动归入审计项目所属年度列表展示。接下来将审计项目提交给审计项目负责人进行审批。项目负责人对待办的审计项目进行处理和审批，若审批完成，审计项目阶段即进入审前阶段，此时，项目负责人可以进入审计项目工作台进行项目实施。

2.4.3　组建项目组

在完成建项工作后，审计负责人或者执行人可以展开组建项目组的工作，包括项目组组长、项目组主审和组员等角色，系统会根据角色自动默认初始权限。在对项目组进行管理时，审计人员可以在系统中对项目组成员信息进行下载，凭用户名和密码登录现场作业系统，选择目标审计项目进行操作。

2.4.4　编制审计通知书

在智慧审计工作系统中，审计人员根据单位实际情况选择模板信息，根据项目信息编辑正文，开展审计通知书管理。在生成的界面审计人员可根据需要对其内容进行修正，然后形成一份正式的审计通知书保存。审计通知书需要提交相关领导进行审批处理，审批完成后进入下一步工作。

2.4.5　开展现场作业

审计项目负责人可在项目开始后，决定开启现场作业工作。开始现场作业后，项目组成员可正常登录使用现场作业系统。

在来到审计项目实施现场后，审计组成员采用现场作业系统开展数据查询和分析工作。

2.4.6 编制审计日志

审计人员在审计每个工作日编制审计日志。在"底稿管理－审计日志"功能中，利用日志模板详细记录每天实施审计的方法、审计查阅资料、专业判断及下一步工作安排等，让组长、主审、总审等清晰地了解每一个人员的工作动态，为现场审计工作开展思路及决策提供信息支撑。

审计日志编制完成后，依照审计信息系统中审计项目组设定的流程，逐级提交给组长、主审、总审进行复核，复核的过程中可选择"不同意"退回，或给出审批意见信息，对于退回的底稿信息审计人员可修改后重新提交，或查看复核人员给出的审批意见参照对工作进行调整。

2.4.7 编制审计取证表

审计人员可以根据需要选择对应审计取证表并进行编写，按照审批流程，依照项目组管理中设置的复核人进行提交复核，系统可以自动在所选审批人的"待办事务"界面显示待签收审批的审计事项，负责人可以对取证表进行审批。

包括以下流程：下发取证表、被审计单位接收取证表、被审计单位反馈取证表、取证表转发、业务部门确认、业务部门提交等。

2.4.8 编制审计报告

经办人选择撰写审计报告草稿，审计人员可以根据需要对报告内容进行完善和修正，系统会自动生成一份审计报告并保存在审计系统中。

3 智能化下的审计作业
——智慧审计平台构建

大数据、信息技术的发展使审计工作发生了革命性的改变,在信息化时代,很多基础审计工作已经不再适合传统的工作模式,审计对象的信息化要求审计手段必须信息化、智能化,将审计与信息技术相结合已成为审计未来发展的必然趋势,全方位构建智慧审计平台势在必行。

一般而言,智慧审计平台为审计工作者提供一个可操作平台,从审计项目管理、审计作业分析以及审计风险预警监控等方面展开,建设审计数据集市、管理系统、风险监控中心、可视化平台等业务领域,重点关注财务、销售、资产、资金数据分析。

智慧审计平台作为一种审计作业与信息技术的融合性探索,能够减少基层审计人员的重复式、机械式工作,节约了审计时间,极大地提高了审计工作的效率效能。此外,面对多样化、海量动态化的数据,智慧审计平台提高了数据挖掘的精度,对审计项目中的疑点进行深度分析、挖掘、细化区分,并将指标进行汇总。

3.1 智慧审计平台下审计逻辑流程

本节基于审计业务与先进技术相结合的审计模式,构建大数据智慧审计平台(见图 5 - 3)。平台构建的逻辑流程主要分为六个模块,分别为数据作业模块(智慧审计数据仓库)、可视化模块、风险管理模块、审计作业模块、人工智能模块以及审计知识服务模块。

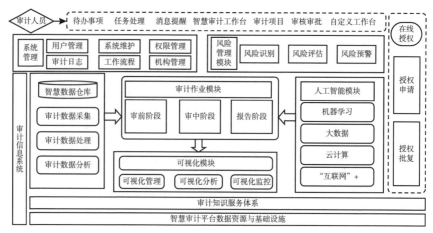

图 5 - 3　构建大数据智慧审计平台

3.2　数据作业模块——智慧数据仓库

对于构建智慧审计平台系统来说，对众多审计数据的处理方式和处理能力是平台功能有效运行的核心。智慧审计系统主要围绕数据的特点去进行逐个的分析和审查，在数据中发现审计问题，并进行风险预警，为审计人员提供一个"远程 + 现场工作"的平台。在数据分析过程中，首先审计人员应该明确数据分析与审计目的，避免使数据分析过程与专业的流程相违背，否则数据审查的结果不仅无法起到有效的作用，甚至对审计工作的结果具有误导作用，缺乏目的性。

由此可见，建立智慧审计数据仓库是审计现代化发展的必经之路，是审计工作面向智慧化、数字化、信息化的必然要求。项目决策者通过数据仓库提供的信息，能够作出科学决策。简单来说，数据仓库就是智能化的数据保存、查询、分析系统，将企业的所有数据按照类别进行存储，当需要对数据进行分析时，可以根据主题对具体的审计数据进行采集和分析挖掘。这与传统审计数据库单一的业务操作程序、结构化、适于日常操作的特点有很大区别。

在现代审计业务中，审计人员取得的大多数关于被审计单位的资料都是以电子数据的形式存在，包括财务核算信息、业务往来信息、经营决策信息等。对于众多动态化的审计数据，应建立智慧数据仓库对海量数据进行广泛采集，积极联通各部门业务系统，搭建联通业务系统"通道"，进行数据的"预处理"；从微观角度针对"预处理"过的数据进行分析、筛选，建立数据之间的逻辑关系。

通过建立智慧审计数据仓库，对审计单位海量的财务数据进行转换、抽取和分析，并以数据仓库提供的信息资料为基础进行审计，能够有效提高审计工作的效率效能，提高审计人员参与工作的便利性，满足审计向智慧化转型的需要。

3.2.1 传统审计数据库的局限性

数据库已经成为收集和分布数据信息的基础系统。主要对审计系统中的数据信息进行清理、转换、分析、载入等处理。传统的审计仓库主要由数据源、数据库、审计分析模块、结果展示界面四个部分组成，其结构流程如图 5 - 4 所示。

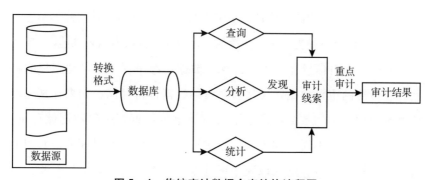

图 5 - 4 传统审计数据仓库结构流程图

根据对建立在计算机基础之上的传统审计数据库结构进行分析不难看出，虽然传统的数据库也能实现审计目的，但相较于智慧审计数据仓库，仍存在以下诸多不足之处：

第一，数据的提取存在问题。由于审计数据来源于多个不同的数据源，而数据采集系统对这些数据进行提取时仅仅对数据的格式作转换，而没有考虑数据的准确性，这就会造成储存在数据库中的数据出现错误，而且在数据库中，与各被审计单位有关的数据已经按业务模块进行了分类，并未将同性质的数据进行集合，这会导致数据库中的数据相对分散。

第二，历史数据存在问题。由于在大多数时候审计人员在进行审计工作时，都是执行连续性审计，因此历史数据的重要性不言而喻。在审计阶段，由于数据库的储存空间有限，审计人员通常会对数据库内的历史数据进行定期删除，以保证数据库有足够的内存来储存当前数据，这会导致审计人员获得审计证据的连贯性大大降低，进而影响审计质量。

第三，数据分析存在问题。在审计分析的过程中，审计人员需要的往往是汇总了审计信息的总结性数据，而数据库中的数据是各种零散的操作性数据，这会造成数据库中数据繁多但是有用的信息匮乏的情况，既会因为无效数据太多导致审计效率降低，也不利于审计人员对有效信息进行提取。因此，审计人员需要额外消耗时间来对这些细节数据在审计分析前进行归类汇总。传统的审计数据库并没有这种功能。

第四，随着信息化程度的加深，数据逐渐呈现出海量动态化的特点，而传统的审计数据库无法对海量的数据进行存储，如果在某一审计时段数据库中的数据量超过了被审计单位数据库中的数据储存量，审计人员就不得不对一些审计数据进行舍弃，而如何保证关键有用的信息不会被舍弃掉，这又取决于审计人员的专业素质和工作经验，当审计人员的专业素养不足或缺乏相应的工作经验时，会造成审计证据不足的结果，未来获取更多审计证据的审计人员必须重新提取数据，大大浪费了审计的人力资源，增加了审计工作量，降低了审计效率，无法发挥计算机审计的优势。

第五，在审计数据库中，分析界面的主题仍然以被审计单位的报表凭证，获取信息的方式仍然是账项基础。虽然在审计数据库中，有特定的审计分析模块对审计业务进行分析，但该模块分析的问题只能针对财务报表中存在的特定问题或者是某一业务系统存在的特定问题，并未从审计数据的关联关系、数据间的逻辑关系以及单项数据与数据整体的关系进行考虑，缺乏全局性考量。

第六，传统审计数据库难以开展数据挖掘技术。用数据挖掘技术对审计数据进行分析时，所选取的数据必须是面向主题的，这要求审计人员在数据库中对审计数据进行提取时，需要对审计数据进行二次处理，大大降低审计工作的效率。所以在传统审计数据库模型上采用数据挖掘技术，不仅不会提高审计的工作效率，还有可能起到适得其反的效果。

综上，由于传统审计数据库中的数据信息具有滞后性，极大地限制了审计业务的发展。因此，面对信息化程度不断加深和日益激烈的市场竞争，审计行业迫切需要建立面向现代化的、智慧化的数据仓库，以满足越来越复杂的现代审计业务的需要，使审计工作的发展迈入一个全新的台阶。

3.2.2 面向智慧化审计数据仓库的构建

数据库的运用是一个连续的过程。审计数据仓库的构建，通常包含以下几个步骤：

（1）对待处理的审计项目进行提取，例如被审计单位的账项、往来汇款凭证等，如果审计业务涉及的审计对象数量繁多、种类复杂，应当首先对审计进行建模，再利用数据仓库模型对建模项目进行扫描。

（2）对审计业务的粒度进行提取，在对审计项目进行分析时，粒度能够提供分析的基本信息，在事实表中为数据的原子级，例如被审计单位的原始凭证等。

（3）选取审计实时记录的维度，对于维度的选择，要注意审计业务的性质、状态等因素。典型维度是科目编码、会计实践、期初值、期末值和状态等。

（4）选取将安放在事实表中的度量。典型的审计度量是可加的数值量，如借方发生额和贷方发生额等。

智慧数据仓库在企业各项财务数据的基础上建设，采用新型对数据进行储存和管理，方便审计人员对数据展开分析。由于数据仓库专门应用于数据的分析建设，因此可以很好地满足智慧审计对于数据分析的需求。审计数据仓库采用双粒度或多粒度的方式储存，对目标数据进行有针对性的提取能够有效提高计算机资源的利用水平，在数据仓库之上能够设立多种分析主题，利用 OLAP 动态联机分析工具为审计人员提供实时的分析技术支持。智慧数据仓库的构建可以分为数据源、数据存储管理、OLAP 服务器和系统工具四个部分，具体如图 5 - 5 所示。

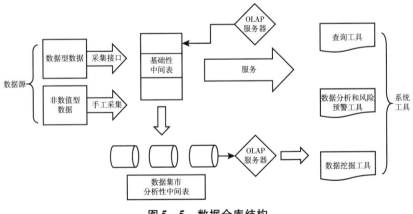

图 5 - 5　数据仓库结构

3.2.2.1 数据源

数据源是构建智慧审计数据仓库的基础。在数据源中，可以根据数据的不同类型把数据分为数值型数据和非数值型数据。数值型数据主要来源于被审计单位的财务往来核算和信息系统，主要为电子表格类型文件；非数值型数据主要来源于被审计单位的外部信息，比如历史档案、合同协议、总结材料、制度汇编等。数值型数据和非数值型数据共同组成了数据源（见表 5 – 1）。

表 5 – 1　　　　　　　　数据源类型及格式

数据源大类	数据源类型	数据仓库统一格式
数值型数据	数据库	SOL　　SERVER
	电子表格	
非数值型数据	电子文档	PDF
	纸质资料	
	图片、照片等	
	音频	RM
	视频	

数据源中的数据在数据仓库中的存在形式主要有两种：数值型数据和非数值型数据。第一种是通过预先设定的数据采集接口对数据进行采集、转换和清理，这种形式的审计对象比较固定，需要处理的数据结构差异比较小，审计的范围和内容变化不大。第二种是审计人员手工完成对数据进行采集、转换、净化和验证等工作，具体程序与常规审计流程相似，从数据的采集到验证，都需要审计人员手动操作。在智慧审计中，需要针对被审计单位的实际情况，将两种审计形式结合起来运用，针对不同的数据源，选择不同的数据采集形式。

3.2.2.2 OLAP 服务器

OLAP 在数据库中专门用于支持复杂的数据分析工作，能够听从审计人员的指令，对复杂的目标数据信息进行分析处理。

利用 OLAP 服务器能够对数据从多个维度进行钻取、上卷、切片、切块、旋转等分析操作，可以通过对多维度的数据进行全面的、集中的分析，快速对数据进行精准提取，发现异常数据并快速进行关联分析，找出其中存在的深层次原因，为审计证据链提供基础，其结构见图 5 - 6。

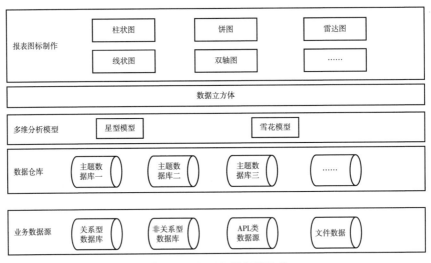

图 5 - 6　OLAP 服务器结构

OLAP 服务器能够对目标数据进行集成分析，从多维度、多层次分析其趋势。其具有以下特征：第一，在审计模型中，几乎无法用到少于三维的数据来描述，而 OLAP 服务器提供的多维能够反映现实中的审计模型。不仅如此，数据的多维视图是对审计资料提供灵活获取信息分析过程的基础。审计人员能够跨越维度、多层次地使用数据，而不是仅仅依靠使用查询语句来进行工作。第二，OLAP 服务器能够提供强大的运算能力，能够对数据进行聚类运算，还能进行分层次的聚合运算及其他更复杂的运算。第三，OLAP 服务器具有周期性，对于周期维度的有效利用几乎是所有服务器必不可少的一环，OLAP 服务器能够利用时间的顺序性，针对连续的月份分析其数据趋势，利用时间层次性，可以对某一时间段内的数据进行汇总或者求平均数。

综上所述，将 OLAP 服务器运用于智慧审计的数据库数据分析中，能够有效地对数据进行多维度深层次分析，具体通过数据库解决审计数据繁多冗余、数据分析薄弱、粒度较粗等问题。在周期性的数据库中，能够通过之前审计周期中发现的异常信息筛选可能存在的审计风险，进而利用 OLAP 服务器进行多维度的分析，验证该操作是否符合规范，通过该方法优化数据库建设流程（见图 5 - 7）。

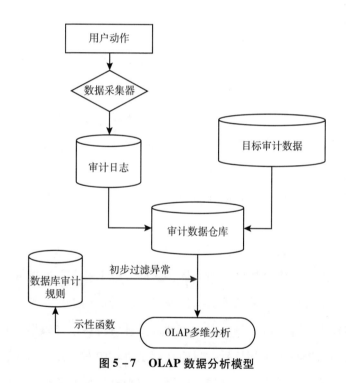

图 5 - 7　OLAP 数据分析模型

3.2.2.3　数据存储管理

对于数据的存储与管理是整个智慧审计数据库建设的核心。在审计过程中,需要区别数值型数据和非数值型数据。数值型数据往往通过数据采集接口自动接入数据仓库,而非数值型数据需要审计人员手动验证、转换、净化,最后进入数据仓库。不同类型的数据通过采集接口或者手动进入数据仓库,最后形成审计数据信息的集合,作为电子资源以便审计人员加以利用。审计仓库还能够根据不同的审计主题进行特定分析,形成审计数据集市,对于特定分析的审计资源,需要制定不同的执行标准。

审计数据仓库往往采用数据仓库——数据集市的结构。这种结构的优点在于,数据库能够满足数据采集、整合、分析的需要,能够为OLAP 服务器提供数据源,不仅在建设数据库的过程中,可以自动对数据结构和内容结构进行处理,还可以为之后的数据清理、数据挖掘提供基础,不用担心对数据仓库的通用性进行损坏。因为无论是单纯建立数据库,还是单纯建立数据集市,都会很难使数据库在专用性和通用性上获得平衡。智慧数据仓库的建立可以不考虑历史性数据对结构造成的影响,数据仓库在数据源和数据集市之间形成一个数据爬坡,极大程度上削弱了数据源的波动带给数据集市的影响,避免了以数据源为基础直接建立数据仓库导致的数据一致性下降和重复分析等问题。

3.2.2.4　系统工具

系统工具主要由数据查询工具、数据分析工具、数据挖掘工具和风险预警工具以及各种基于数据源开发的前端应用工具。智慧审计系统能够提供各种前端工具,以供审计人员针对各种审计数据的差异性灵活使用以进行采集和分析。目前在智慧审计中对于数据采集工具和数据分析工具的运用比较普遍,能够有效地查出异常数据,预防潜在的审计风险。但目前在智慧审计中对风险预警工具和数据挖掘工具的使用尚属于起步阶段,审计人员还需在此方面不断探索发掘。

3.2.3　审计数据采集

对数据进行分析的前提是先要对审计数据进行采集，以形成目标审计数据。数据采集要按照确定的数据分析框架收集相关数据，为数据分析打下基础，提供审计依据。

审计工作由于其自身的业务特殊性，对数据的要求要比其他系统更加精确、全面。所以数据的采集纪要考虑审计系统的内部数据，也要考虑系统外部的数据。既要考虑结构化数据，也要考虑非结构化数据。除此之外，还要对多维度数据进行采集。所谓的多维度数据就是对目标审计数据进行描述的数据，对数据以及信息资源的描述型信息，是审计人员理解数据的基础。

除此之外，还要对静态数据和动态数据进行采集。静态数据是指在运行过程中主要作为控制或参考作用的数据，它们在很长一段时间内不会变化，一般不随运行而变。动态数据则是包括所有在运行中发生变化的数据以及在运行中需要输入、输出的数据以及在联机操作中要改变的数据。进行数据描述时应把数据按照一般逻辑分成若干组，对于其应用更为恰当的逻辑分组，给出每个数据元素的名称、定义、度量单位等有关信息，最终生成内部数据。

3.2.4　审计数据处理

审计人员在进行数据处理时，需要对历史数据进行加工整合，形成适用于数据分析的基础样板，以保证数据处理的准确性和有效性，这是在对数据进行分析前必不可少的环节之一。

审计人员在对数据进行处理时，需要从海量纷乱无序、复杂难以理解的数据信息中选取并且得出对审计工作进展有价值、有意义的数据。若审计人员在抽取数据的过程中就抽取到错误数据，在进行后续分析时得到的信息也是错误的，那么即便采用最先进的数据分析方法，对审计项目也毫无参考价值，甚至会对决策造成误导。

审计数据的处理需要经过一系列复杂的方法，即使再"干净"的数据，未经过专业数据处理，也无法应用于后续的审计数据分析工作。在进行数据抽取和清洗时，需要将数据上传至数据中心，形成可供分析的数据集。值得注意的是，无论用何种方式对审计数据进行处理和整合，数据整合都会在数据分析工作中占很大比重。即前期会消耗审计人员大量的时间和精力，人力成本无法避免。数据处理是数据分析的基础，若在这一过程中出现错误，那么数据分析的结果也会不可靠。

3.2.5 审计数据分析

审计人员需要利用特定的数据处理方法，对内部数据和外部数据进行分析，发现其中隐藏的方式、偏差或不一，提取对审计项目有价值的资料，进而形成有效审计结论，比如结构化数据查询和审计数据挖掘等。数据分析程序主要分为两步：首先，审计人员根据采集的数据信息的特征和逻辑排列，建立适当的审计数据分析模型，其次设计分析算法，对数据进行分析和研究。

3.3 可视化模块

数据趋于多元化、海量动态化方向演变是智慧审计的主要特征之一，有专家预测，到2024年互联网数据的字节数将达到可观测宇宙星体的60万倍。因此，如何解决对如此众多的数据的可视化问题已经成为如今审计领域迫切需要解决的问题之一。如今，随着可视化技术在各个领域的广泛应用，可视化技术能够为审计人员以动态的形式将审计需要的各种信息资料直观地展现出来，从而大幅度提高审计的效果。可视化技术能够将数字之间的关系通过图表与图形的形式展开，将数据映射到二维或者三维空间，显示出数据之间的复杂关系，能够让信息使用者快速理解并发现其中的模式与规律，从而进行分析研究。刘洋提出，可以通过建立可视化模型来展开数据审计，以远程数据分析 + 现场突击检查为主，将远程数据分析作为审计工作的重点，以现场检查作为审计实施的重要手段。将可视化管理模块、可视化分析模块、可视化监控模块相结合，共同构成审计大数据可视化平台。

3.3.1 可视化管理模块

数据可视化管理的内容主要包括绩效管理、平台维护和制度建设。在可视化流程运行的过程中，审计人员需要对可能出现的异常数据进行及时整改和完善，以确保可视化管理的效率效果。在可视化管理进程中，审计人员首先需要解决三个问题，即如何将数据以图形元素方式展现、如何对数据组织形式进行反映、如何解决数据维度问题。

3.3.1.1 将数据以图形元素展现

可视化的展现中，需要对数据、数据的属性、数据的联系等信息进行映射。可以用几何图形来表示数据，比如三角形、星形等。数据属性的展现需要由数据属性的类型来决定，如果数据的取值是连续性的，可以用亮度、颜色等元素来表示其属性；若是序数型属性的数值，可以用位置、尺寸等元素来表示其属性。对于不同属性的数据用不同的元素加以区分，可以将元素间的图形放大，属性中的每个取值都可以用不同类型的图形元素来表示。数据间的关系分为显性和隐性两种。对于显性数据关系，可以用线条连接数据，或者将互有联系的数据用相同元素的符号来表示；而对于隐性的关系，则需要采用合理的图表、合理的组织形式对数据进行映射，这样才能更好地展现数据之间的关系。

3.3.1.2 对数据组织形式进行反映

在可视化技术中，以特定形式组织数据有助于发现数据间的复杂联系。数据的组织形式即是数据的每个属性上的属性值分布的形式。一般情况下，数据的属性不同，通常按照属性取值大小排列组织数据来进行映射，这样能够使数据图标更易于理解。而对于标称型数据来说，并没有特定的形式来进行映射，此时数据之间的属性差异就比较明显。

3.3.1.3 解决数据维度问题

一般而言，图标上能够展示的数据信息可以分为四种，即图形形状、面积体积、颜色、亮度。审计人员要解决数据维度的问题，首先应当根据不同的数据环境考虑采用何种图表来映射。通常的做法是只显示数据属性的一个子集，再用多个图标来显示不同的数据子集。常用的图标类型以及使用场景如表5-2所示。

表5-2 图标类型及应用场景

比较	对比各值间的差异	柱状图	雷达图	漏斗图	极坐标
占比	部分占整体百分比	饼图	漏斗	仪表盘	矩阵树图
相关	显示各值之间关系	散点图	矩阵树图	指标看板	树图
趋势	数据随维度变化情况	折线图	柱状图		
地理图	数据及地理信息映射图	气泡地图	色彩地图		

3.3.2 可视化分析模块

在可视化分析模块中，对于数据的分析主要包括基础分析、复杂分析和智慧化分析。对于不同的审计业务，应根据被审计单位的数据特征和审计文本的特点，对可视化程序进行重置，以保证显示结果的准确性与全面性。

3.3.2.1 基础分析

基础分析主要包括对比分析和交叉分析。对比分析主要是指将两个相互联系的指标数据进行比较，得出目标数据在规模大小、水平高低、速度快慢等方面的差异。其一般流程为：首先将采集到的不同数据信息展开对比，得出差异值并分析差异产生的原因。其次将数据之间存在的联系按照逻辑交叉排列，集中在可视化界面中，分析数据之间的内在联系。最后将属性相似的数据统一集成在一个界面中，可以发现和找出业务在不同阶段存在的问题。

3.3.2.2 复杂分析

在复杂分析中，分析的对象主要包括成分、层次、聚类等。成分分析是指将主要的变量通过交替变换的方法对其进行运用，将其变换为不相关的次级变量。聚类分析则是将物理或抽象的对象的集合分组为类似的对象组成的多个集合的过程。其目标是在相似的基础上收集数据来进行排列。层次分析的主要工作是将审计目标决策逐步逐层分解，对提供的非结构性数据信息用专业化语言展开描述。

3.3.2.3 智慧化分析

对于智慧化分析来说，主要依靠审计人员设定程序，不仅要保证分析内容全面有效，还要包括计算机语言模式的识别和处理。审计人员需要在数据和数字技术的支持下，通过对计算机功能的有效运用，针对数据结构特征展开进一步分类。通过电脑模拟审计人员的工作流程，并对可视化结果进行取证，自动分析，生成分析报告上传至系统内储存。

3.3.3　可视化监控模块

可视化监控模块主要包括设施安全监控、应用服务监控和数据风险监控。该模块的主要作用是确保智慧审计平台内应用设施和数据信息的安全性，将实时监控的信息以可视化技术反馈给管理者，对黑客等恶意入侵的第三方进行阻隔，防止数据信息丢失。

3.3.3.1　设施安全监控

设施安全监控，分为内部监控和外部监控。内部主要对智慧审计平台的基础服务设施运行的有效性、流程是否缺失等系统自身问题进行实时动态化的监控。外部监控主要是针对外来人员对系统内部服务设施的潜在威胁进行实时动态监控。确保可视化平台的运行状态始终处于稳定，并对其运行活动是否能够顺利运行实时监测，将监测结果进行反馈。

3.3.3.2　应用服务监控

应用服务监控也被称为性能监控。主要确保平台的使用性能正常，应用监控工具为审计人员提供必要的信息和解决性能问题。将单独的监测指数结合相关的关联信息同步到可视化显示界面，针对可视化平台的流程管理功能的运行情况和系统结构等进行客观展示，确保应用服务程序的存在是科学的、必要的，并对平台的延展性、安全性、稳定性和连贯性等进行实时监控和反馈。

3.3.3.3　信息安全监控

通过信息安全监控，管理人员能够有效地监视、控制和评估信息系统的安全运行状况，并为进一步提高系统安全性提供参考依据。

　　审计人员需要确保数据信息在使用流程中是否符合信息安全标准，并对文本数据进行定期检测。审计人员需要建立信息删除标准，对于无效的信息，系统能够自动识别并进行备份删除，提高审计工作效率。因此，审计机关需要重点强化对审计平台建设过程中安全问题的重视，合理设置区域安全边界、数据备份等功能，构建针对特定风险的防御机制，确保数据信息使用和可视化平台利用的安全性与可靠性。

3.4　风险管理模块——审计风险识别与评估

　　如今，风险管理已经成为企业和会计师事务所的一种日常管理行为，管理审计风险是企业管理者和审计人员不得不面对的一项挑战。审计风险引发的事故导致企业和会计师事务所不得不承受比以往更高的成本。它们在企业内外伤害顾客和支持者，它们损害企业和事务所的名誉，它们将管理团队的弱点暴露无遗。因此，审计人员和企业管理者无时无刻不在处理大量技术复杂、产生于大量服务器并缺少可靠的风险监督的信息。企业的风险隐患无处不在，不仅是存在于财务与市场，管理者同时还需要考虑信息系统的漏洞、黑客攻击、违规操作、灾害破坏等一系列潜在风险。

　　COSO 报告指出，企业中的每个人对企业的风险管理都有责任。即使内部控制和风险管理都由董事会负责，但潜在的风险需要董事会扮演更加重要的角色，同时，审计人员作为来自企业外部的监督力量，对企业的审计风险负有鉴证责任。其他管理人员支持企业风险管理，促使其与企业风险承受能力的协调，并在各自负责的领域把风险控制在相应的指标内。

　　由此可见，风险管理即围绕企业的发展战略，以审计风险为导向，动员和组织各类资源，综合采取各种管理技术和管理手段，对信息资产实施全面、全方位的管控的过程。风险管理的核心是对审计风险的评估、识别和处理，关键是企业信息安全管理体系的建设，使企业对于风险的管控是全方位、可持续的过程。审计事项管理与业务连续性管理最重要的是基于审计风险导向的管理职能。

3.4.1 审计风险识别

传统的审计业务中经常要靠审计人员对异常数据进行筛查，审计效果往往与审计人员的经验和专业能力水平密切相关。

无论对于外部审计还是企业内部审计来说，如何对企业的资产、业务信息进行分类，划分不同的等级，正确识别出风险评估的对象，是进行审计风险评估乃至风险管理的一个非常关键的前提条件。风险识别的目标即是对信息资产的脆弱性、威胁和资产价值进行分析，找出风险等级的大小等级，为确定风险评估的对象提供基础。在开展审计风险识别时，审计人员可以根据这三个要素来构建审计风险矩阵，按照威胁、脆弱性的重要程度来识别和评价风险发生的概率，进而从风险矩阵中查出对应的风险值。

3.4.2 审计风险评估

在对企业审计风险进行评估时，需要充分对企业的基本情况及环境进行了解，识别和评估财务报表的重大错报。在风险导向的审计模式下，审计人员以重大错报风险的识别、评估以及对风险的应对作为审计工作的主线，最终将审计风险控制在一定的水平范围内，审计风险的评估是审计风险控制流程的起点。

如图 5 - 8 所示,业务作为企业日常经营活动中所面临的最基本因素,长期以来被称为审计单位的资产情况。而企业自身的资产又具有一定的独立性,所以企业的业务与资产的关联程度越高,企业资产就拥有越高的价值。不仅如此,企业对于资产的威胁分为内部威胁和外部威胁,不论威胁来自哪里,威胁对于企业资产的程度越高,企业资产的潜在风险指数就越高。而存在的风险能够倒逼企业将风险评估和控制的成本提升,因为潜在的风险可能会在未来的一定时间内诱发新的安全事件。

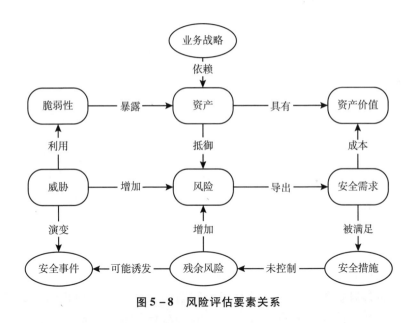

图 5 - 8　风险评估要素关系

3.4.3　审计风险预警

对于潜在的审计风险,可以通过设立审计风险预警驾驶舱来进行预警和处置。审计风险预警驾驶舱是为企业决策层和审计人员提供的指标分析系统,是审计预警分析的核心功能。驾驶舱能够打破数据隔离，实现指标分析和决策场景落地，通过详尽的指标体系，实时反映企业的运行状态，将采集的数据具体化、直观化、形象化（见图 5 – 9）。

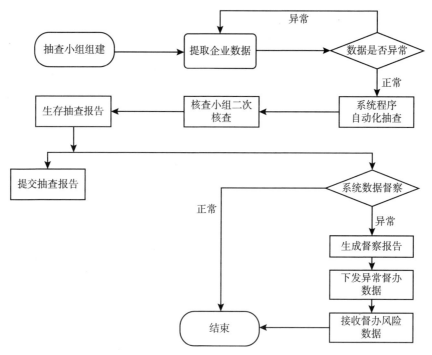

图 5 – 9　驾驶舱风险问题核查流程

　　审计风险预警驾驶舱是对当前问题的数量、已经核查问题的数量、未核查问题的数量、已接收问题的数量以及风险问题点分布领域、待办、已办、在办等关键指标，通过各种可视化程序直观形象地展示给审计人员，并对异常关键指标进行预警和挖掘分析，帮助审计人员和管理层对整体核查进度进行监控最终形成完整报告，对有问题的单位进行核实和处置，对其他单位进行预警。

3.5 审计作业模块

  智慧审计系统能够实现审计业务全过程覆盖的信息化管理,为审计人员提供技术支持,为企业决策提供依据,提升审计效率与质量。审计信息系统针对审计项目进行全过程的管理,涵盖审计的各个阶段,包括审前阶段、实施阶段、报告阶段。其具体审计管理工作和流程如图 5 – 10 所示。

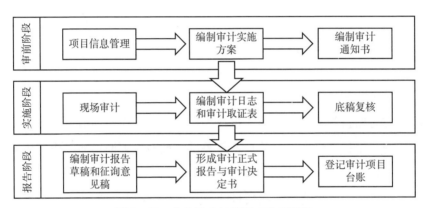

图 5 – 10　各阶段审计管理工作及流程

3.5.1　审前阶段

  审前阶段主要包括项目管理、计划管理、任务管理等内容。审计计划管理能够通过灵活的功能配置,满足各单位不同的需求,对审计计划提供编制、审批、汇总、发布等功能。审计计划又包括中长期审计计划、年度审计计划和月度审计计划。其中,中长期审计计划是指审计部门指定的能知道未来一定时期业务活动的战略计划安排;年度审计计划是审计人员为完成审计业务，达到预期的审计目的，对一个自然年度内的审计工作作出事先规划；月度审计计划是指各审计部门对每个月要完成的工作作出详细分解以及对每月审计工作完成情况的反映。

在审前阶段，审计人员通过任务管理模块对计划外的项目进行管理，由审计管理人员编制本单位的临时任务，再下达给本单位下级人员或下级单位，下级单位收到任务后进行整理后提交，本单位再进行审核和汇总。审计人员对临时任务进行办理，提交给本单位上级人员或上级单位人员，上级单位收到任务办理结果后进行审核的功能并汇总存档。

3.5.2　实施阶段

在审计项目实施阶段，审计的主要工作包括审计工作底稿管理和项目实时监控等方面的内容。审计人员对审计工作底稿信息和底稿类型的统一维护管理，同时管理系统提供精准定位查询功能，为审计人员迅速定位需要查询的底稿。

项目实施监控是对所在项目的信息进行监控，指审计人员对本级以及其下级的审计项目进行监控，监控内容包括审计数据日志和审计取证表数据，主要包括导出、查询、查看底稿的功能。

3.5.3　报告阶段

在报告阶段，审计人员需要对审计报告进行管理。审计报告管理的具体流程为：审计人员对项目信息开展情况进行审查核实，并将信息进行上报反馈，为审计项目负责人提供准确的报告信息；其主要功能包括查询和导出等操作。审计人员将审计工作开展情况进行总结、归纳反映，将审计工作中的经验进行提炼，汇报给上级单位统一备案。

3.6 人工智能模块

该模块主要为审计人员提供智慧审计平台操作过程中的技术支持，包括机器学习、数据挖掘、大数据、云计算、"互联网 +"、信息分析以及各种先进算法的相互组合分配，是智慧审计平台运行的"大脑"。

3.7 审计知识服务模块

审计知识服务模块也可以称为知识仓库，一般是从基础的数据库发展而来。在智慧审计平台中，知识服务模块主要是对审计领域内所存在的知识进行收集、整理、储存和应用。包括审计案例库、法律法规库、审计模板库，以帮助审计人员获取系统的专业支持，是较为完整的知识服务体系。

3.8 构建智慧审计平台的意义

3.8.1 显著提高审计效率

在智慧审计下，智慧审计平台对被审计单位单证资料、数据信息、业务性质等信息全部录入平台内部，大幅减少了审计人员的手动机械化操作，节约审计时间，提高审计效率，缩减人力成本。基于智慧审计平台强大的整合运算功能，对于审计信息提取的准确性能够精确到点，对存在疑点的信息能够进行初步筛查，排除潜在的审计风险。在智慧审计平台运作下，传统审计模式中暴露出的各种弊端被有效解决，使审计人员从机械重复的基础审计工作中得到释放，使其能够将更多的精力放到审计专业判断上，充分地利用智慧审计技术，有效提高审计工作的整体效率。

3.8.2 审计信息提取精度有效提升

在智慧审计平台的构建过程中，审计人员通过灵活运用大数据挖掘技术，能够基于宏观的角度，将智慧审计项目从整体到部分进行排查，对单个审计项目进行检查，逐个发现审计疑点并作进一步区分，实现提取审计信息精度的目标。

3.8.3 有效发挥审计平台的风险管理功能

审计人员在系统中输入待处理数据，利用系统分析功能对若干审计数据进行分析，确保数据分析和审计工作同步进行，对审计业务的潜在风险进行实时和持续性预警。聘请专家团队对系统进行定期维修和更新，构建传统审计风险预警模型，导入智慧审计平台进行分析，防患于未然。

4 智慧审计发展所面临的问题

4.1 审计人才缺乏，审计人员面临转型压力大

当前，智慧审计的发展仍处于一个相对不够完善的阶段，审计人员仅仅掌握基础的专业知识和实践能力已经无法满足要求，信息技术在审计领域的不断延伸要求审计人员必须在原有的审计模式和审计思维上作出革新。由于智慧审计的发展时间跨度较短，国家和社会对于高端审计人才的培养刚刚进入到从传统向智慧审计的过渡阶段，总体进程相对缓慢是无法避免的。

4.2 智能审计实施成本负担增加

大数据、人工智能等信息技术在审计中的应用能够代替传统审计工作中人工的重复机械性工作，提高审计工作的质量和效率，减轻审计人员的工作负担，在一定程度上节省了审计的时间、人工等负担。但是，智慧审计工作本身存在着无法避免的成本，比如企业和事务所安装运行智慧审计系统的安装成本，雇用专业人员对系统的运行进行监控和管理的人力成本，定期进行系统检查维护的维修成本，这些都需要企业和事务所进行严格的把控。对于审计开发成本，事务所可以根据不同的情况选择内部开发、外包定制开发以及

合作开发。总而言之，人工智能技术更新迭代发展飞速，企业和事务所要保持系统支持最新型的审计功能，对科技的投入是十分必要的。

4.3 智慧审计研究的深度和广度有待提升

在信息时代，智慧审计的研究深度还不够深入，研究的主题较为广泛。审计人员对审计智慧化的研究进程主要还停留在审计智慧化应用场景的简单假设层面，智慧审计在现实系统中的实践仍很浅显，探讨的深度仍有待提升。

另外，智慧审计的研究广度也存在较大的提升空间，社会对于审计的主体多以会计师事务所和企业为主，这使得智慧审计的覆盖层面较为狭窄，无形中加大了智慧审计工作发展的限制要求，智慧审计的应用发展应落到实处。

4.4 智慧审计制度完善度不足

目前行业中智慧审计制度尚不完善，智慧审计的执行缺乏配套的参考规范，使得智慧审计无法有效实施。由于智慧审计的数据具有多样化、动态化的特点，不同行业、企业的专项数据特征存在较大差异，因此其审计流程制度无法一概照搬，需要对设计方案的设定依据相关准则进行精准判断和专项评估。

5 强化人工智能智慧审计应用的建议

5.1 完善智慧审计人才培养体系

大数据等信息技术的发展改变了审计业务的实施方式，审计工作的开展实现了革命性的变化。由此来看，未来审计教育体系培养出高端的审计人才成为重中之重。培养工作也应该根据环境的变化作出相应的改变，审计教育的目的在于审计人才同时掌握计算机和审计两方面的专业技能并能在理论和实践中发挥成果。在完善审计教育体系的过程中，审计部门可以与高校等教育系统进行协作，让审计专业人参与到课程体系的建设过程中来，以更好地开发适合审计人员学习的系统课程。

此外，完善审计培养课程体系的重心绝对不可以是盲目地开展大数据教育，而是要结合智慧审计工作的刚性需要，将理论实践相结合，不能拘泥于表面操作而忽略开展审计教育的真实目的。

5.2 严格把控审计成本

审计部门应该聘请审计专业人士对审计工作的全过程进行实时监督，并在特定的时点对特定的审计项目进行评估和筛查，避免一些不必要的成本负担，以提高智慧审计的工作质量和工作效率。对于难以进行把控的审计项目，应努力做好审前的项目调研，对相应的预算支出进行估值。争取在相同的审计条件下将审计业务的成本降到最低水平。

随着信息技术的迭代发展，审计部门应在对审计业务进行实际考察之后，针对审计业务以及目标客户需求的不断变化，对系统进行升级维护，提高审计工作的精确性，降低审计负担。

5.3　建立智慧审计监管体系

在智慧审计实施的过程中，对审计业务整体进行监管是十分必要的。首先，通过智慧审计平台的风险监控系统对潜在的审计风险进行全面监控，对可能存在的审计风险进行筛查，对审计对象的目标数据进行备份。其次，审计部门要雇用专业人员定期负责智慧审计系统的更新和维护。最后，审计部门应建立平台应用实操规范以保证系统能有序运行。

一方面，当前的审计规范更适用于传统的审计模式和审计方法，而对于对信息化依赖程度较高的智慧审计则并不高效。另一方面，相关法律在维护数据安全等方面仍存在漏洞，大数据等人工智能技术审计业务中的应用还需要进一步探索。

6　小　　结

人工智能作为一门综合性学科，被视为是第四次工业革命的引擎，使计算机代替人类实施以智慧方式为主导的行为，从而将过去由人类完成的功能或流程逐步由计算机代替,继而提升审计工作自动化程度,减少审计工作中的人工成本及劳动力投入,为审计行业带来巨大的应用前景。在理论上,"智慧 + 审计"打破了传统的审计模式与审计观念,用全样本审计取代传统抽样审计。人工智能的应用使得数据采集范围扩大,转变了风险评估程序的模式,风险评估和风险应对效率也得到显著提升。在实务方面,由于数据采集范围扩大,要保证数据采集结果的精度和准度,就要求审计人员必须充分利用可视化技术,既要重视结构化数据,也要重视非结构化数据。对于数据的处理分析可以通过建立数据仓库、运用关联分析等方法,从而发现相关关系、分析异常数据等。总之,建立大数据智慧审计平台,以大数据为抓手,在平台上完成审计全覆盖大数据决策,已经成为智慧审计的未来导向和必要基础。

参 考 文 献

[1] 陈耿,王士通,韩志耕. 智慧审计理论中的若干问题研究 [J]. 财会通讯,2023 (3):116 – 122.

[2] 黄六一. 基于人工智能的智慧审计落地初探 [J]. 投资与创业,2021,32 (18):29 – 31.

[3] 鲁清仿,燕万年,王开一,等. 智慧审计构想与实践探索:基于解构法律法规条款 [J]. 审计研究,2018 (1):28 – 34.

[4] 武晓芬,田海洋. 智慧社会治理下的人工智能审计平台构建研究 [J]. 西安财经学院学报,2019,32 (3):17 – 22.

[5] 潘斯琪. 大数据背景下审计思维的转变 [J]. 环渤海经济瞭望,2020 (7):166 – 167.

[6] 秦荣生. 大数据、云计算技术对审计的影响研究 [J]. 审计研究,2014 (6):23 – 28.

［7］王雪荣，侯伟龙，虎祎笑．大数据智慧工程审计平台构建：基于"点—线—面"思维的数据式审计模式［J］．财会月刊，2021（17）：92－97．

［8］高明华．数字经济背景下区块链审计风险识别及防范［J］．财经界，2021（36）：176－177，190．

［9］高雪．大智慧审计失败案例刍议［J］．会计师，2021（9）：65－66．

［10］汪芳．大数据环境下全息交互智慧审计体系研究：以中国移动为例［J］．财会通讯，2022（17）：148－152．

［11］苏霞，张晶晶，张炜光，等．国家电网智慧审计平台评价应用研究：以国网河北雄安新区供电公司智慧审计平台为例［J］．会计之友，2022（9）：116－124．

［12］曹婷．基于人工智能的智慧审计平台设计［J］．商业会计，2020（7）：44－47．

［13］刘国城．文本可视分析与审计大数据可视化［J］．财会通讯，2021（23）：13－20．

［14］李佳正．基于数据仓库技术的大数据审计方法研究［J］．中国注册会计师，2022（2）：66－68，3．

［15］高鑫．智慧审计的探索与实践［J］．现代营销（经营版），2018（9）：236．

［16］Brown-Liburd H，Issa H，Lombardi D. Behavioral Implications of Big Data's Impact on Audit Judgment and Decision Making and Future Research Directions［J］. Accounting Horizons，2015（29）．

［17］刘星，牛艳芳，唐志豪．关于推进大数据审计工作的几点思考［J］．审计研究，2016（5）．

［18］付达院，杨静怡．互联网背景下审计发展趋势与注册会计师审计风险［J］．中国注册会计师，2019（7）．

［19］裴春燕. 大数据背景下会计师事务所审计风险防范措施 ［J］. 中国注册会计师，2020（4）.

［20］鲁清仿，梁子慧. 大数据对风险导向审计影响的研究 ［J］. 河南师范大学学报，2015（42）.

［21］Brown-Liburd H，Vasarhelyi M A. Big data and audit evidence ［J］. Journal of Emerging Technologies in Accounting，2015.

［22］阳杰，应里孟. 大数据时代的审计证据与审计取证研究 ［J］. 财会月刊，2017（1）.

［23］郑石桥. 大数据对审计取证的影响：一个理论框架 ［J］. 财会通讯，2021（5）.

［24］Earley C E. Data analytics in auditing：Opportunities and challenges ［J］. Business Horizons，2015（58）.

［25］Gepp A，Linnenluecke M K，O'Neill T J，Smith T. Big Data Techniques in Auditing Research and Practice：Current Trends and Future Opportunities ［J］. Journal of Accounting Literature，2018（40）.

［26］胡荣，陈月昆. 数据挖掘——现代审计处理数据的新方法 ［J］. 中国审计，2004（7）.

［27］吕新民，王学荣. 数据挖掘在审计数据分析中的应用研究 ［J］. 审计与经济研究，2007（6）.

［28］羌雨. 基于 R 语言的大数据审计方法研究 ［J］. 中国管理信息化，2016（11）.

［29］张志恒，成雪娇. 大数据环境下基于文本挖掘的审计数据分析框架 ［J］. 会计之友，2017（8）.

［30］陈伟. 基于可视化分析技术的大数据审计案例研究 ［J］. 中国注册会计师，2019（6）.

［31］Byrnes P，Criste T，Stewart T，Vasarhelyi M. Reimagining Auditing in a Wired World ［J］. AICPA White Paper，2014.

〔32〕黄舒．大数据背景下审计质量提升路径〔J〕．企业经济，2017（12）．

〔33〕秦荣生．我国国家审计的新要求与新发展〔J〕．财会月刊，2019（1）．